AF276887

José Luis Alonso de Santos

LA ESTANQUERA DE VALLECAS

Machado
Libros

EDITA A. Machado Libros

C/ Labradores, 5. Parque Empresarial Prado del Espino
28660 Boadilla del Monte (Madrid)
machadolibros@machadolibros.com • www.machadolibros.com

© José Luis Alonso de Santos, 1986
© de la presente edición: Machado Grupo de Distribución, S.L., **2024**

REALIZACIÓN: A. Machado Libros
IMPRESIÓN: Podiprint

ISBN: **978-84-7774-418-4**
DEPÓSI TO LEGAL: **M-11.322-2024**
Impreso en España

Prólogo a la primera edición

Es Alonso de Santos, por una de esas genialidades del azar, el último autor del franquismo. Su primera obra estrenada, «¡Viva el duque, nuestro señor!», figura en el registro de la Sociedad General de Autores con fecha de 19 de noviembre de 1975. Unas horas más tarde el pueblo español lloraba y reía al conocer la muerte del general Franco, como en una buena tragicomedia; ese género híbrido tan presente en nuestra tradición teatral y tan ausente a la vez, pues es algo así como el eslabón perdido del que sin duda venimos, pero del que no quedan vestigios en estado puro, aunque de su tronco hagan proceder los entendidos la mayor parte del teatro de raigambre popular desde el entremés de Bretón, pasando por el sainete del género chico, al esperpento de Valle, la tragedia grotesca de Arniches, la tragedia popular de García Lorca, el neorrealismo de Buero Vallejo y Olmo, hasta el realismo dialéctico de Rodríguez Méndez, de Muñiz, de Martín Recuerda, la tragedia compleja de Sastre y las comedias tremendas de Antonio Gala.

Autores tan diversos en sus métodos y objetivos como los citados coinciden, sin embargo, en algo que hoy resulta fundamental comprender porque es la línea de demarcación determinante para un dramaturgo: su teatro se escribe para el público. Algo que hasta hace unos años era una perogrullada, porque la historia del teatro se hacía con los locales llenos, pero hoy ya no es necesariamente así, pues los exigentes parecen muchas veces pedir lo contrario y el éxito de convocatoria se ha llegado a tener, en principio y mientras no se demuestre lo contrario al severo jurado, como indicio razonable de falta de calidad.

Alonso de Santos es de esos autores, y, como en ellos, en su obra se amalgama, de acuerdo con esa tradición española de la tragicomedia, el sentido del humor con el desgarro doloroso, y lo hace, naturalmente, con una poética propia, distinta de todos y cada uno de los grandes autores que le han precedido, como no podría ser de otra forma, porque el talento es personal e intransferible.

Su teatro actual, que con el tiempo habrá de verse convertido en su teatro primero, se inclina preferentemente hacia lo cómico, pero en su última obra estrenada, «El álbum familiar» (1982), da un giro casi completo hacia lo patético, que parece abrir una veta muy distinta de lo acostumbrado en su producción anterior, aunque sin perder sus virtudes: la cálida caracterización humana de sus personajes y su finalidad «moral», su preocupación por la sociedad de su tiempo, por sus contemporáneos, que es siempre indispensable en el teatro de verdad.

Pero junto a esos rasgos que le enmarcan en lo más sólido de nuestra tradición teatral aparecen en la obra de Alonso de Santos otras influencias cuya sintetización afortunada le permite, como él gusta decir, traer algo nuevo al panorama teatral, es decir, ocupar un lugar en la necesaria renovación de nuestra escena.

Uno de los grandes reproches que el profesional de teatro ha hecho en los últimos tiempos al dramaturgo ha sido su alejamiento de la práctica escénica cotidiana. No ha sido así en otras épocas, y ahí está el caso de los grandes autores del Siglo de Oro, o más recientemente de Brecht, pero es bastante cierto que las tendencias dominantes en nuestro último teatro han pecado de literarias. Por el contrario, Alonso de Santos une a su condición de autor la de actor y director con una larga experiencia, casi veinte años en el oficio, y sus textos gozan de esa misteriosa calidad de lo teatral que vuelve la espalda a menudo a tantos escritores bien dotados para otros géneros literarios.

Además, como siempre suceda con los dramaturgos que nacen en el teatro, la vocación de autor de Alonso de Santos le lleva hacia el teatro popular, en la línea combativa y estimulante del teatro independiente en el que se formó en los años de aprendizaje, algo que comparte con autores-directores como Miralles, Boadella, Margallo, Campos, Alarcón, Morillo, Vázquez, y muchos otros que proceden de las mismas filas.

Hoy se sigue diciendo, quizá por inercia, que hay falta de autores dramáticos en nuestro país, pero los datos de las últimas temporadas permiten esperar una mejora en los próximos años. Por una parte, tiene que normalizarse la situación de la mayor parte de nuestros dramaturgos ve-

teranos, que aún no se ven llegar con regularidad a los escenarios el grueso de su producción, y, por otra, los dramaturgos más jóvenes, que desengañados por las dificultades del acceso a la profesión, se han orientado en buena parte a escribir para la posteridad (que es una forma inteligente de ahorrarse sinsabores), tendrán ocasión de enfrentarse al público y comprobar lo que da de sí su teatro, y los más dotados, con la excepción afortunadamente desgraciada de los que están señalados con el estigma de la genialidad profética, tendrán ocasión de corregir su rumbo. De hecho, en los años de la transición han aparecido ya algunos escritores notables, como Domingo Miras, Francisco Ors, Rudolf Sirera, Ignacio Amestoy y otros que se suman a los procedentes del independiente y también a los más jóvenes de los «underground» de fines de los sesenta, en cuya producción podemos ver ya los efectos de la aproximación al público, ya sea a través del teatro independiente, como Matilla, López Mozo y otros, o de un teatro más tradicional, como Mediero o Benet i Jornet.

Alonso de Santos, por su vinculación al teatro desde dentro, por su vocación de escritor popular y también por haber llegado en un momento afortunado, de recuperación de las libertades largamente soñadas y expectativa poderosa de cambios profundos en todos los aspectos de nuestra vida nacional, ha gozado de la gran suerte de no tener que sufrir un largo calvario antes de ver sus obras sobre el escenario. La mayor parte de su producción se ha estrenado, o al menos editado, en condiciones aceptables y tengo la seguridad de que va a seguir siendo así para beneficio suyo y de todos los que estamos en el teatro español.

Fermín Cabal
(1982)

Prólogo a la segunda edición

Al acabar de leer el prólogo que escribí para la primera edición de «La estanquera de Vallecas» siento que, a pesar de que podría volver a suscribir casi todo lo dicho, ya no tiene mucho sentido. Yo trataba de situar la obra de un nuevo autor en relación a lo que me parecía que estaba ocurriendo en nuestro teatro, para que el lector pudiera hacerse una idea de lo que tenía entre manos. Y en tan solo cuatro años veo que esta tarea se ha hecho innecesaria, pues, por más que algunos todavía se resistan, no se puede pensar en nuestro teatro presente sin tener en cuenta a Alonso de Santos.

Decía yo entonces que lo aparecido hasta la fecha no era más que el primer teatro del autor. Hoy ya podemos especular en términos más generales contemplando una obra creciente, que gana día a día en oficio y en la que se afirma un discurso personal, autónomo, una palabra distinta que encuentra soluciones expresivas propias.

Escucho a veces opiniones confundidas en torno a José Luis y su obra. Se le presenta, por ejemplo, como adalid de un teatro decididamente comercial. A ilustres inútiles de nuestra escena les he oído semejante barbaridad. Quizá crean sinceramente, contemplando las plateas vacías ante las que dilapidan las subvenciones, que el teatro popular no es más que un ente de razón y que cualquier concreción de esa idea no puede ser sino pura apariencia, por no decir trasunto diabólico. Y se olvidan de que José Luis ha velado sus armas durante veinte años en los circuitos independientes, haciendo un teatro que parecía imposible, pero que finalmente resultó ser lo más vivo de su época. Un teatro que algunos creyeron idealista, místico y filosófico de la miseria, pero que se alimentaba de todo lo contrario: pasión, compromiso con la realidad y gozo de la vida.

Otra opinión de la que discrepo, difundida entre los adversarios de Alonso de Santos, es la que le sitúa generosamente en un rincón del tras-

tero teatral, so pretexto de que se trata de un cultivador notable de esa cosa entre menor y arcaica que llaman el sainete. Circula esta especie entre vetustos vanguardistas que matan su ocio en una confortable retaguardia imaginando apocalípticas conflagraciones literarias en las que la Historia, como «Deus ex machina», adviene finalmente para recompensarles con la fama, ¡nada menos!, en premio a sus tribulaciones.

Es tanto el poder del deseo que quizá con el tiempo se salgan con la suya y arrinconen al autor. Pero, hoy por hoy, esta idea es una simplificación, pues si bien es verdad que algunas de sus piezas más conocidas participan de esa condición, creo que lo hacen trascendiendo el género, y que, además, son solo una de las vertientes de una obra mucho más compleja, en la que aparecen diversas líneas de desarrollo, con puntos precisos de contacto entre sí, y recurrencias temáticas y técnicas obsesivas que terminan por formar un entramado muy sólido.

Ya en «¡Viva el duque, nuestro dueño!» (1975) se muestran los elementos que el autor desarrollará después. En primer lugar, bajo una aparente despreocupación por el lenguaje, late una elaboración muy personal en la que se funde un tono coloquial, cotidiano (desafío del autor frente a la asfixia críptica del epigonismo underground *lleno de mataduras conceptuales que nos querían vender como la última modernez), con una atracción por la formalización del teatro popular del Siglo de Oro, por Cervantes y la novela picaresca, que en esa primera obra —y en algunas posteriores, como las piezas para niños «La verdadera historia de la princesa y el dragón» (1979) y «Besos para la bella durmiente» (1982)— se resuelve en tono de parodia, pero que hace sonar notas más graves en «El combate de don Carnal y doña Cuaresma» (1978) y en «El pecado, el mundo y mi carne» (1983).*

En segundo lugar, también en gran parte de las obras realistas de José Luis, la vertiente más conocida de su teatro, aflora una preocupación por la estructura interna del relato que las lanza lejos de la preceptiva costumbrista. Con mejor o peor fortuna ha ensayado mecanismos de distorsión narrativa en «En la barriga del buey» (1976), donde todo sucede en la cabeza del protagonista, que acaba de fallecer baleado por la policía en una manifestación; en «El gran Pudini» (1979), donde el discurso delirante del personaje principal deriva hacia soluciones audaces de teatro en el teatro; en «El álbum familiar» (1981), que se articula como un largo monólogo sobre el que se superponen las escenas que el narrador asocia en su memoria, o en «Fuera de quicio» (1984), donde la progresión del relato conduce a una total ambigüedad para no saberse finalmente si lo que se nos muestra es «la realidad» o la percepción que de la misma tienen los internos del hospital psiquiátrico que la sufren.

La etiqueta de «sainete» solo es válida para un grupo reducido de piezas, entre las que había que distinguir las que toman el referente a la realidad para distorsionarlo y crear un nuevo referente artístico, abiertamente fantástico, con leyes y convenciones propias, como «Del laberinto al treinta» (1979), «La última pirueta» (1984) y «Hablemos de amor» (1985), y, de otro lado, las que, como «La estanquera de Vallecas» (1980) y «Bajarse al moro» (1984), se refieren directamente a una realidad sociológica que no está enunciada virtualmente en el texto dramático, pero a la que se alude tácitamente a través de la conciencia que de ella tiene el espectador.

Ocurre que el espectador no siempre termina por aceptar la representación. Uno se preguta, ¿realmente la vida es así? En el teatro de evasión la voluntad de los personajes consigue escamotear la realidad y construir otra paralela en la que refugiarse. En el teatro de José Luis no se recurre a este procedimiento, pero a veces puede tenerse la sensación de que se abre una brecha entre la realidad exterior aludida y su representación, como si hubiera una distancia entre lo que es y lo que el autor quisiera que fuera, un escalón entre la voluntad de los personajes y la del demiurgo que los maneja por detrás como en un guiñol.

Lo que ocurre es que el teatro de Alonso de Santos, aunque a veces lo parezca, no pretende el mero apunte de costumbres y, mucho menos, la distorsión escapista. Muy al contrario es, en el buen y anticuado sentido de la palabra, un teatro comprometido. Para el autor en el mundo se da una lucha feroz entre dos concepciones antagónicas del ser humano: la que sostiene que es malo por naturaleza y la que afirma que no es para tanto.

En el caso de esta obra que hoy publicamos hay que recordar las circunstancias en que fue escrita, en plena crisis económica, cuando el crecimiento del paro, apreciable día a día, y el consiguiente aumento de la delincuencia, permitía a la derecha bien pensante alimentar la hoguera de la intole-

rancia, del miedo, de la confusión, tratando de limitar la extensión, para ellos siempre amenazadora, de la libertad y la solidaridad, encontrando un nuevo argumento para encauzar sus paranoicas fantasías de venganza. Frente a estas voces, Alonso de Santos hace una llamada a la comprensión, a la ternura, a la compasión, incluso, y trata de mostrar lo muy relativa que es cualquier construcción moral.

Y, por supuesto, se puede discutir el dictamen del autor, y se puede estar o no de acuerdo con él, pero en cualquier caso hay que reconocer que lo que se propone Alonso de Santos es una cosa muy seria.

Pero, en fin, basta de objeciones, y mejos para esta «Estanquera» que hoy se reedita, con todo derecho, incluyendo algunas modificaciones con respecto a la primera edición, pues se ha convertido en una de las piezas más representadas en España en los últimos tiempos. Quizá la que más entre las del autor, con excepción de «¡Viva el duque, nuestro dueño!». Multitudes de grupos no profesionales la han montado una y otra vez y no creo que haya mejor defensa de una obra que esa capacidad demostrada para interesar. Montajes profesionales se han hecho dos; el primero, en 1981, en el «Gayo Vallecano», con dirección de Juan Pastor, y el segundo, en 1985, en el Teatro Martín, con dirección del propio Alonso de Santos. Y actualmente se prepara una película dirigida por Eloy de la Iglesia con el mismo título.

Fermín Cabal
(Agosto 1986)

La estanquera de Vallecas

*Premio de teatro «Gayo Vallecano», 1980, fue estrenada en la Sala
«El Gayo Vallecano» en noviembre de 1981.
Con el siguiente reparto:*

ESTANQUERA:	Mercedes Sanchís
LA NIETA:	Teresa Valentín Gamazo
LEANDRO:	José Manuel Mora
TOCHO:	Paco Prada
SUBINSPECTOR MALDONADO:	Miguel Gallardo

*   *   *

Ayudante:	Teresa Sánchez Galla
Productor:	Roberto López Peláez
Escenógrafo:	Antonio Lenguas
Música:	Jorge Fernández Guerra
Vestuario:	Marisa Zapatero
Iluminación:	Antonio Pastor
Director:	Juan Pastor

La estanquera de Vallecas

Fue repuesta en el Teatro Martín en septiembre de 1985.
Con el siguiente reparto:

ESTANQUERA:	Conchita Montes
LEANDRO:	Miguel Nieto
TOCHO:	Manuel Rochel
ÁNGELES:	Beatriz Bergamín
POLICÍA:	Eduardo Ladrón de Guevara

*   *   *

Iluminación:	David Álvarez Cuberta
Vestuario:	Susana Ribes
Escenografía:	Luis Romera
Realización escenográfica:	Mariano López
Adjunto a la dirección:	Ángel Barreda
Producción:	Miguel Nieto
Dirección:	Alonso de Santos

Nota del autor

Durante siglos solo se habló en el teatro de Dioses y Reyes. Luego pasó a los Nobles Señores el protagonismo, y, tras férrea lucha, la burguesía naciente logró apoderarse del arte escénico y hacer de él un confesionario exculpatorio de sus trapicheos sociales.

De cuando en cuando aparecía un «subgénero» con personajes de las clases «humildes»: Sainete, Entremés, Género Chico, Costumbrismo Social..., pero siempre considerado como «arte menor».

El «Arte Mayor» seguía —y sigue— siendo la «Alta Comedia» (es decir, la comedia de los altos, no de estatura, sino de lo otro), que es la que cubre y sostiene la mayor parte de nuestro teatro al uso.

Al autor que esto suscribe —que presume de humilde cuna y condición— le es sumamente difícil poder escribir acerca de Dioses, Reyes, Nobles Señores, ni Burguesía acomodada, porque, la verdad, no los conoce apenas —solo los sufre—. Por eso anda detrás de los personajes que se levantan cada día en un mundo que no les pertenece buscando una razón para aguantar un poco más, sabiendo que hay que aferrarse a uno de los pocos troncos que hay en el mar, si te deja el que está agarrado antes, porque ¡ay! ya no hay troncos libres.

A propósito del tema, les diré que recibí últimamente carta de Leandro desde Carabanchel, donde reside en la tercera galería, y por lo que me cuenta de allí he comprendido perfectamente algo que siempre me extrañó cuando sucedieron los hechos de esta obra: por qué no salían y se entregaban.

Pero eso ya es otra historia.

ALONSO DE SANTOS

Cuadro I

(Antiguo estanco en Vallecas. El tabaco quieto, ordenado, serio y en filas, como en la mili. Un derroche de luz penetra por la vieja puerta de madera abierta de par en par. Detrás del mostrador de pino despacha una anciana de aspecto rural. Es un día cualquiera en una hora cualquiera y se escuchan fuera los miles de ruidos que van y vienen a lo suyo. De pronto rompe la armonía diaria el latido de dos corazones fuera de madre, y recortan su negra silueta en la luz de la puerta dos sinvergüenzas dispuestos a todo. Merodean de aquí para allá, primero uno y luego otro, buscando el momento propicio. Al fin se deciden y, viendo que no hay nadie, entra uno, quedándose el otro a vigilar la puerta.)

TOCHO.–Un paquete de Fortuna, señora.

(La anciana se lo alcanza y él se busca los duros disimulando mientras el otro vigila de reojo. A una seña se lanzan al lío amaneciendo en un tris en las manos del más joven un pistolón de aquí te espero, con el que se hace dueño de la situación.)

¡Manos arriba! ¡Esto es un atraco, como en el cine! ¡Señora, la pasta o la mando al otro barrio!
ABUELA.–¡Ay Jesús, María y José! ¡Ay Cristo bendito! ¡Santa Águeda de mi corazón! ¡Santa Catalina de Siena…!
TOCHO.–Déjese de santos y levante el ladrillo. No nos busque complicaciones y a lo mejor le dejamos pa la compra de mañana! ¡Venga, que se nos hace tarde y nos van a cerrar! ¡Qué pasa! ¡La pasta o la pego un tiro, ya!

LEANDRO.–*(Entrando desde la puerta.)* ¿Qué? ¿Está sorda o no oye? ¡El dinero!

(La abuela, que se ha quedado un momento como petrificada, se arranca de repente por peteneras y se pone a dar unos gritos que pa qué.)

ABUELA.–¡Socorro! ¡Socorro, que nos roban!
LEANDRO.–¡Agarra a esa loca, que nos manda a los dos a Carabanchel!
TOCHO.–¡Calle! ¡Calle, condenada, o la...!

(Tocho la sujeta a duras penas tapándole la boca, mientras Leandro echa el cierre al negocio atrancando la puerta. Luego saca una navaja y avanza hacia la vieja y la cosa se pone negra y a punto de salir en «El Caso» en primera página.)

LEANDRO.–¡A ver si nos estamos quieta! Esto no es una broma. Si grita otra vez le saco las tripas al aire a ventilarse. ¿Me oye?
TOCHO.–Será animal, no se pone a dar gritos así por las buenas.

(Se oye un ruido arriba de unas escaleras.)

¡Chiss, hay alguien arriba! ¡La escalera, cuidado!

(Sujeta a la vieja apuntándola, mientras Leandro, navaja en mano, se esconde junto a la escalera para coger al que baje. Aparece entonces Ángeles, la nieta, delgaducha y con gafas.)

ÁNGELES.–¿Pasa algo, abuela?, ¿quiere las gotas?
TOCHO.–Esto no se arregla con gotas. Bienvenida a la reunión, pequeña. ¡Baja, baja! Así somos cuatro y podemos echar un tute si cuadra.

(Leandro se acerca por detrás y ella le ve de pronto con la navaja.)

ÁNGELES.–¡Aaaah!...

LEANDRO.–¡Calla, tú! ¡Quieta y a ser buena! No te vamos a hacer nada, ni a ella tampoco. Solo queremos el dinero y nos vamos.

LEANDRO.–¡Venga! Suelta la pasta y soltamos a tu abuela.

ÁNGELES.–¡Ay, Dios! ¡Yo no sé dónde está! ¡Solo lo suelto!

LEANDRO.–¡Lo suelto y lo atado! ¡Venga, rápido, el dinero, ques pa hoy!

ÁNGELES.–Lo guarda la abuela, de verdad. ¿A que sí, abuela?... Yo no sé dónde está... Solo eso, lo del cajón.

(Sacan del cajoncillo los cuartos y los ponen en el mostrador.)

TOCHO.–¡La calderilla! Va a parecer que venimos de un bautizo, ¡no te jode!

LEANDRO.–Suéltala, déjala hablar. Que diga dónde está.

TOCHO.–*(Quitándole la mano de la boca, con voz amenazante.)* ¡Abuela, el dinero y van tres!

ABUELA.–¡Mecagüen hasta en la leche que habéis mamao! ¡Canallas! ¡Hijos de mala madre! ¡Quererle robar a una vieja...!

TOCHO.–A una vieja y a una joven. El dinero o le salto la tapa los sesos. ¡Se acabó! A la una, a las dos y a las...

(Agarra el Tocho su viejo pistolón con las dos manos y, muy peliculero, se lo pone a la vieja en el hueco las sienes.)

ABUELA.–¡Dispara, Iscariote! ¡Dispara si tienes lo que tienes que tener! ¡Cabronazo!

(La agarra para que no chille y se revuelve la anciana como gato acorralado.)

LEANDRO.–¡Calle! ¡Quieta! ¡Quieta, condenada, por mi madre que la rajo!

TOCHO.–¡Apártate, Leandro, que me la cargo de un tiro!

ÁNGELES.–¡Abuela! ¡Abuela, por el amor de Dios! ¡Que nos van a matar a las dos...!

ABUELA.–¡Drogadictos! ¡Pervertidos!, que le quitáis al pobre dinero, a los trabajadores, para drogaros. ¡Gentuza! Ya nos podéis matar que no suelto un duro, ¡por la memoria de mi difunto esposo, que era guardia civil!

TOCHO.–Pues sí que hemos dao en hueso, con la tía esta.

LEANDRO.–A registrar, Tocho. Hay que encontrar el fajo como sea. Tú mira arriba.

(Sube el Tocho las escaleras. Empieza Leandro a registrar el estanco, tirando todo lo que encuentra a su paso. Rompen filas los paquetes de tabaco y vuelan como mariposas los sellos de a tres pesetas.)

ABUELA.–¡Quieto, desgraciao, que me hundes en la miseria! ¿No ves que la mercancía es mi comida de cada día? Si viviese mi difunto, este atropello lo pagabais con sangre.

LEANDRO.–¡Con sangre lo va a pagar usted, que ya me tiene harto! ¡Suélteme, que la doy una que...!

(Sujeta la vieja a Leandro y este levanta la navaja, que brilla en el aire con ansia de algo de rojo que le dé color. Se masca la tragedia de la muerte trapera y la niña se arroja a los pies del golfo en estampa de cartel de ciego.)

ÁNGELES.–¡Ay, por Dios, no la mate, que no ha hecho nada! ¡Ay, no, no, no..., no la haga daño!

LEANDRO.–¡Suéltame! ¡Me cargo a las dos, por mi madre! ¡Es que ya me...!

(Vuelve el Tocho al oír el griterío, escaleras abajo.)

¡Ayúdame, coño! ¡No te quedes ahí parado!

TOCHO.–¿Qué pasa? ¡Tranqui, Leandro!

LEANDRO.–¡Si es que me tienen ya hasta los...! ¿Has encontrao algo?

TOCHO.–Arriba es un lío. No se ve nada.

LEANDRO.–*(A la chica.)* Tú seguro que lo sabes y te la estás buscando. *(A la abuela.)* Y usted no sabe con quién se está jugando los cuartos. De aquí no nos vamos sin el dinero, así que...

ABUELA.–Yo tengo principios, y no como los jóvenes de hoy, que sois peor quel diablo. ¡Mala peste sos trague!

LEANDRO.–¡Que no nos dé sermones, señora! ¡Cállese y no joda más!

(Enfunda la navaja y trata de atar y amordazar a la anciana con un cinto y un pañuelo.)

A ver si así se está quieta y callada de una puta vez. Encontraremos el dinero aunque tengamos que... ¡Si es que no se deja! ¡Quieta! ¡Ayuda tú, coño! ¡Ay! ¡Ay, ay! ¡Me ha mordido!

(Da un golpe a la anciana en un pronto, y cae esta sin sentido, desmadejándose sobre las baldosas.)

A ver si aflojas ahora el nervio.

ÁNGELES.–¡Ay, que la ha matado! ¡Ay, Dios mío, que ha matado a mi abuela! ¡Ay, abuela, abuela...!

LEANDRO.–¡Silencio! A ver si te voy a dar a ti también, que ya me tienes harto. No se ha muerto nadie, así que a callar.

TOCHO.–Oye, esa tía chunga... Se está poniendo morada. Parece que respira, menos mal. Vamos a atarle ahora la boca, antes que se despierte y se ponga otra vez a cantar.

LEANDRO.–Déjala; a ver si se va a ahogar, ¡qué fatiga!

(Sentándose en el mostrador.)

¡Más difícil esto quel Banco España! Es malo este barrio, ya te lo había dicho yo.

TOCHO.–Aquí hay pasta, tío. Los obreros de la fábrica de harina compran aquí el opio y son a miles. Hoy sábado, día de cobro, hay un capital, seguro.

LEANDRO.–Registra a esa loca, anda, a ver si lo lleva encima.
TOCHO.–Es verdad. A ver si lo tiene metido...

(Mete mano por aquí y por allá el chico a la vieja, en el buen sentido, apartando enaguas en busca de la faldriquera donde estén los verdes.)

TOCHO.–Nada. Esta tía solo tiene pellejo. Ni un duro.

(De pronto alguien empieza a aporrear la puerta, y se oyen gritos y confusión de personas fuera.)

UNA VOZ.–Señora Justa, ¿pasa algo...? ¿Abuela, gritaba usted auxilios o era la radio?...
OTRA VOZ.–¡Abuela, abra usted! ¡Abra! ¡Abra la puerta!
TOCHO.–¡La madre del cordero! ¿Y ahora qué hacemos?
LEANDRO.–¡Chisss! ¡Calla! ¡Ni una mosca! ¡Vigila a esa que no haga ruido! ¡Silencio!
OTRA VOZ.–¡Justa! ¡Señora Justa! ¿Está usted bien?
OTRA VOZ.–Eran dos, que los he visto entrar...
OTRA VOZ.–¡Abran ahora mismo la puerta o llamamos a la policía!
OTRA VOZ.–¡Ir a llamar, correr! ¡Que vaya alguno al bar!

(La cosa se pone que arde. Brillan los ojos de los dos maleantes ante la situación de peligro, cambiando de color.)

TOCHO.–¿Qué hacemos, Leandro?
LEANDRO.–¿Era fácil, eh? Lo mejor es largarse ahora mismo antes de que vengan más, o llegue la policía. Abrimos la puerta y corre.
TOCHO.–¿Y la pasta?
LEANDRO.–Para sus herederos. ¡Vamos!

(Abren y salen regresando a toda velocidad. Cierran entonces y atracan la puerta con todo lo que encuentran, ante un gran griterío que se organiza fuera.)

LEANDRO.–Por ahí no hay quien pase. Hay que salir por otro sitio. Tú *(a Ángeles, que sigue pálida junto a la abuela).* ¿Por dónde se sale?

ÁNGELES.–Solo hay esta puerta. Arriba hay un balcón, pero da justo ahí, a la plaza. Además, está muy alto. No se puede salir nada más que por aquí.

LEANDRO.–Pues por aquí no se puede salir.

ÁNGELES.–El dinero de verdad que no sé dónde lo esconde la abuela. Yo no sé nada, así que...

TOCHO.–Ya el dinero no importa. Que se lo meta tu abuela, cuando se despierte, por el culo.

LEANDRO.–Una ventana habrá a un patio o, cualquier cosa, para descolgarse...

ÁNGELES.–No, de verdad que no hay, lo siento. Ni un agujero para las ratas.

TOCHO.–Yo antes, cuando he subido, solo he visto el balcón...

LEANDRO.–Todas son facilidades, da gusto. Pues hay que largarse de aquí como sea.

TOCHO.–*(Mirando por el ojo de la cerradura de la puerta.)* ¡Tío! ¡Ahí fuera hay más gente que en un partido de fútbol! ¿Qué hacemos, Leandro? ¿Salimos y nos abrimos paso a tiros?

LEANDRO.–Tú has visto muchas películas del Oeste. Eso es lo malo.

TOCHO.–¡Oye!, ¡que vienen otra vez! ¡Uy, la hostia!

(De nuevo los de fuera llegan hasta la puerta, ahora son más y están más agresivos que antes.)

UNA VOZ.–¡Venga, salid si sois hombres!

OTRA VOZ.–¡Os vamos a linchar, hijos de puta!

OTRA VOZ.–¡Asesinos, canallas, ahora vais a ver!

(Suenan palos y piedras contra la puerta, que se queja lo suyo.)

LEANDRO.–La puerta parece fuerte, no creo que ceda...

TOCHO.–¡Hay que joderse! ¡Hay que joderse la que se ha armado en un momento!

(Sigue levantándose la tormenta fuera.)

UNA VOZ.—¡Asesinos! ¡Criminales!...

OTRA VOZ.—¡Ahora vais a pagar lo que le hicisteis el otro día al sastre!

TOCHO.—¿A qué sastre?

ÁNGELES.—Es que el otro día mataron a un sastre aquí al lado para robarle. Dos mil pesetas se llevaron. Deja viuda y tres hijos. Uno en la «mili».

TOCHO.—Si nosotros no hemos sido... A ver si nos van a colgar a nosotros el muerto, ¡no te jode!

LEANDRO.—Vete a explicárselo, anda.

(Dejan de aporrear la puerta. Tocho mira por las rendijas.)

TOCHO.—Se están organizando, tío, ¡maldita sea! Hay una gorda ahí fuera animando al personal para darnos el pasaporte, que me están dando ganas de mandarla al otro barrio desde aquí, por lianta, por hija puta y por gorda.

LEANDRO.—¡Te quieres estar quieto de una puñetera vez! ¡Mecagüen la leche! ¡La culpa la tengo yo por meterme en esto contigo! ¡Y deja ya de una vez de dar vueltas a la pistola, que me estás poniendo nervioso!

TOCHO.—Ha sido sin querer, Leandro, no te mosquees.

LEANDRO.—¡Anda, vete a mear!

TOCHO.—¡Mira, hay un teléfono. Podíamos pedir refuerzos!

LEANDRO.—Sí, a Fidel Castro, ¡no te jode! ¡Tú estás gilipollas! ¿Estás gilipollas, eh, o qué? ¿No te das cuenta que nos la estamos jugando?

(En esto, se oyen sirenas de la policía. El Tocho bichea por las rendijas y salta entusiasmado ante el gran interés que ha tomado de pronto su persona.)

TOCHO.—¡La bofia! Ya están aquí los veinte iguales. Esto se anima, tío. Una..., dos..., tres... ¡Puff!, más de diez lecheras que traen... ¡Que somos solo dos, tíos; dónde vais tantos!

LEANDRO.–Por un montón de calderilla nos van a poner a caldo. Y del talego salimos de viejos, si salimos...

TOCHO.–¡Ay va! Ahora llegan las ambulancias. La cosa impone.

LEANDRO.–¡En qué maldita hora se nos ocurriría...!

TOCHO.–No te desanimes, Leandro, no seas así. ¿Estamos bien, no? Si está la policía, que esté. Aquí no van a entrar. Tenemos rehenes, ¿no?

LEANDRO.–Sí. Lo siento, guapa, pero nos vais a venir bien para salir de esta. Tú y la bocazas de tu abuela.

TOCHO.–Y si no podemos salir de aquí, pues nos quedamos y ya está. Hay tabaco..., mujeres..., ¿hay provisiones para resistir el asedio, tú?

ÁNGELES.–Hoy he hecho la compra de la semana...

TOCHO.–Pues ya está.

LEANDRO.–No creo que entren estando estas aquí..., esperemos a la noche, a ver... Sube y atranca bien el balcón, no se cuelen por ahí.

(Hace el chico lo que le mandan: a toda velocidad sube las escaleras.)

LEANDRO.–*(A la chica.)* Tú, quietecita ahí, sin moverte.

ÁNGELES.–Sí, señor.

(Han parado ya las sirenas de la policía, las carreras y los ruidos de fuera. Después, unos segundos de tenso silencio que rompe la voz de un megáfono.)

MEGÁFONO.–¡Eh!, ¡los de ahí dentro!, se acabó el juego. Salid despacio y con las manos en alto. Aquí la policía.

(Contesta Tocho, bajando las escaleras, a grito pelao.)

TOCHO.–¡Encantados, mucho gusto! ¡Dale recuerdos a tu padre, si le conoces, de nuestra parte!

LEANDRO.–¡Pero te quieres callar, animal! ¿Quieres que nos bombardeen con gases y salgamos a la fuerza?

TOCHO.–*(Gritando otra vez a los de fuera.)* ¡Eh! ¡Vosotros!, ¡si tiráis gases, lo van a pagar aquí los rehenes! ¡Dos rehenes tenemos! *(A Leandro.)* Arreglado lo de los gases.

(Ángeles, que anda cuidando a su abuela, mete ahora baza.)

ÁNGELES.–La abuela tiene mala cara. No vuelve en sí y casi no respira. A lo mejor se está muriendo. Sufre del corazón desde pequeña.

TOCHO.–Los que sufrimos del corazón somos nosotros ahora, por su culpa. Mira la que ha armado con el griterío.

LEANDRO.–Hay que pedir un médico que la arregle, no la palme encima y nos la carguemos nosotros.

TOCHO.–Eso, y así luego tenemos tres rehenes y es mejor.

MEGÁFONO.–¡Eh, muchachos, escuchad un momento; si salís ahora por las buenas, no os va a pasar nada. Si estáis armados tirad fuera las armas y salid con las manos en alto, como buenos chicos. Vamos a contar hasta diez y, si no salís, entramos a por vosotros, así que ya sabéis lo que os conviene. Por las malas, va a ser mucho peor para todos. Ya habéis oído, hasta diez y salís, ¿está claro?..., uno..., dos..., tres..., cuatro..., cinco..., seis...

TOCHO.–*(Hacia fuera.)* ¡Siete!, ¡siete y media!, ¡catorce!, ¡dos!, ¡la una!, ¡treinta y tres!, ¡doce y doce, veinticuatro!... ¿Algo más?

LEANDRO.–*(A gritos también.)* ¡Eh, los de fuera!, la anciana no está buena. ¿Podría venir un médico del seguro a recetarla algo?

(Pausa un momento; luego, se escucha de nuevo el megáfono.)

MEGÁFONO.–De acuerdo. Ahora os mandamos un médico.

LEANDRO.–*(A Tocho.)* Abres la puerta una rendija para que pase el matasanos y rápido echas la tranca, no nos la den con queso.

TOCHO.–Marchando, jefe.

LEANDRO.–Tú, nena, aquí a mi lado y perdona las molestias.

ÁNGELES.–*(Acercándose.)* No se preocupe, señor. Y muchas gracias por llamar a un médico para la abuela.

LEANDRO.–No somos criminales. Robamos porque acucia la necesidad y hay que repartir un poco mejor las ganancias de la vida, que hay mucha injusticia.

ÁNGELES.–Sí, señor.

TOCHO.–Ya viene el doctor.

LEANDRO.–Que pase. Ojo al parche. Tocho, que estos se las saben todas y tienen hechos cursillos para casos como estos.

(Llaman a la puerta por fuera educadamente y Tocho y Leandro se ponen en pose pistorial controlando la situación.)

VOZ FUERA.–¿Se puede? Soy el médico.

LEANDRO.–Pase. Abre la puerta, tú.

(Quita los cierres y lo que estaba atrancando la puerta, el Tocho. Entreabre una compuerta el chico y aparece en la hendidura el médico, raro tipo envuelto en una bata blanca que le cae grande y con un maletín clínico en la mano.)

TOCHO.–Adelante, caperú, la puerta no está cerrada con llave.

MÉDICO.–*(Entrando.)* Buenas tardes, señores.

LEANDRO.–Pase, y cuidado con las bromas pesadas. Mire a la vieja a ver si es de cuidao lo que tiene.

TOCHO.–¡Espere! ¡Quieto ahí! Este tío no me gusta un pelo. No me fío. ¡Arriba las manos! ¿Qué pasa? ¿Está mal del tabique?

(Suelta nervioso el maletín el doctor y se pone preparado para bailar la jota. El Tocho se acerca con la pistola y le cachea.)

No lleva nada, parece…

MÉDICO.–¿Qué? Con su permiso, ¿puedo ocuparme ya de la enferma? Gracias.

(Se acerca a la anciana, que sigue sin sentido. Abre el maletín, se arrodilla a su lado y la ausculta, la mira el pulso, y demás cosas raras de esas que hacen los médicos en casos así.)

No parece grave, vamos a ver... Deberían haber avisado antes... Está sin sentido... Respira... Tengo que hacerle un reconocimiento...

(De repente se incorpora la enferma, y le pega al médico con un tiesto en la cabeza mandándole al país de los sueños.)

ABUELA.—¡Toma, asesino! ¡A las calderas de Pedro Botero!

ÁNGELES.—¡Dios mío, abuela, que le ha dado usted al médico! ¡Abuela!

TOCHO.—Mira, la moribunda cargándose al médico. ¡Lo que hay que ver!

LEANDRO.—Ya estamos otra vez. Ha dado usted al doctor y lo ha dejado K.O. ¿Ahora, qué hacemos? ¿Llamamos a un médico para que cure al médico?

ABUELA.—¡Hijos de mala madre! Le vi con la pistola y creí que era de los vuestros. Ahora vais a ver lo que es bueno. El que sepa rezar que lo haga, que vais de viaje al otro mundo.

(Ha cogido la abuela una pistola de manos del caído falso doctor y suelta dos tiros que aquello parece la guerra, mientras todos se refugian donde pueden, hasta que se le encasquilla y consigue quitarle el arma Leandro.)

LEANDRO.—¿Pero está loca? ¡Habráse visto! ¡Casi nos mata! ¿Cuándo ha salido del manicomio, tía loca?

TOCHO.—¿Quién la enseñó a disparar? ¿Su difunto el del tricornio? Me ha rozado el pelo. Si no me agacho salgo de aquí con los pies por delante.

ÁNGELES.—¡Que casi me da a mí, abuela, no sea usté así!

LEANDRO.—Es que está como una cabra.

TOCHO.—Me están dando ganas de darle un par de hostias por muy anciana que sea. ¡Qué susto, la leche!

ÁNGELES.—Que ya no nos quieren robar, abuela. Solo quieren irse sin que los cojan. Son buenas personas, llamaron un médico para usted y todo, ya ve.

ABUELA.—¿Buenas personas estos degeneraos de la naturaleza? Así les salga un divieso en el culo a cada uno y no se puedan sentar en un año.

TOCHO.–Y usted que lo vea, miura, que es usted un miura de cuidao, ¡chiflada! ¿Y de dónde ha sacado la artillería la tía esta?

ÁNGELES.–La ha sacado el doctor del maletín, que yo lo he visto.

TOCHO.–Te dije que olía a poli de aquí a Lima. En parte entonces nos ha salvado la vida con el tiesto, aquí Juana la Loca, aunque luego casi nos cepilla ella a balazos.

MEGÁFONO.–¿Qué pasa ahí dentro? ¿Está usted bien, doctor?

TOCHO.–(A voces.) ¡Está durmiendo el poli! Es que venía algo bebido el «señor doctor», y se ha quedao traspuesto dando una cabezada!

(Se oye ahora cómo la policía intenta forzar la puerta.)

LEANDRO.–¡No se muevan o se va a armar aquí la de Dios! ¿No oyen? ¡Dispara, Leandro! ¡Dispara!

TOCHO.–(Muy nervioso.) ¡Fuera la puerta o disparamos! ¡Los matamos a los tres, a las dos mujeres y al policía, por mi madre!

MEGÁFONO.–¡Un momento! ¡Calma!, calma, muchachos. Tranquilos, no pasa nada. Atrás, atrás todos. ¡Está bien, no haremos nada! ¡Quieto todo el mundo! ¿Hay alguien herido dentro? ¿Quieren que mandemos a un médico de verdad?

LEANDRO.–No, todos quietos. Y ni médico ni nada, que aquí no pasa nada, pero puede pasar.

MEGÁFONO.–¿No hay nadie herido? ¿Están todos bien?, Maldonado, ¿puede hablar?

TOCHO.–Maldonado no puede hablar. Está afónico, pero está bien.

MEGÁFONO.–De acuerdo. Les vamos a dar un último plazo de diez minutos para pensarlo. Dentro de diez minutos entramos por ustedes si no han salido. ¿Está claro? Y si les pasa algo a los que tienen ahí dentro, peor para ustedes.

(Calla el megáfono y se calma un poco la tempestad. Mira la abuela al policía sin sentido y le palpa la cabeza notando los efectos del tiestazo.)

ABUELA.–Habría que ponerle a este hombre unos paños de vinagre para que se le baje el hinchazón. Por un sin querer han pagado justos por pecadores.

TOCHO.–Este no es un justo, señora. Este es un madero.

LEANDRO.–Coja el vinagre y lo que haga falta.

(Empieza a subir la abuela y Leandro de escolta.)

Voy con ella, no nos la líe, y a ver lo de arriba cómo está. Tú quédate con la chica y vigila a ese. No abras a nadie.

TOCHO.–Ni aunque me enseñe la patita por debajo la puerta, jefe.

(Desaparecen escaleras arriba y quedan los dos jóvenes abajo, la chica quieta contra el mostrador, y el Tocho paseo va paseo viene en actitud de centinela. De pronto se marca un show de posturas de comando pistola en mano de las que se anuncian en televisión, para impresionar a la chica.)

¿Qué pasa, tía? ¿De qué te ríes?, ¿eh?

ÁNGELES.–De ti. De la cara que pones con esa pistola en la mano.

TOCHO.–¿Y qué? ¿Pasa algo...? La cara que tengo, ¿no? Si no te gusta te aguantas. No tengo más aquí. En casa, sí, pero aquí, pues no me las he traído, ya ves.

VOZ FUERA.–*(Megáfono.)* ¡Sargento Martínez!

TOCHO.–*(Gritando hacia afuera.)* ¡Sargento Martínez!

ÁNGELES.–¿Hace mucho que robas?

TOCHO.–Y a ti qué te importa.

ÁNGELES.–Pues yo una vez salí con uno que robaba los cassettes de los coches.

TOCHO.–*(Despectivo.)* ¡Cassettes!

(Sigue moviendo la pistola tratando de impresionarla.)

Oye. ¡Y a ti te ha dicho alguien que estás más buena quel pan?

ÁNGELES.–No.

TOCHO.–Pues te lo digo yo. ¿Pasa algo?

ÁNGELES.–No.

TOCHO.–¡Ah!, por eso. Y qué, ¿la vieja te tiene en conserva como los tomates pa meterte a monja?

ÁNGELES.–No.

TOCHO.–¿Entonces sales por ahí de vez en cuando a dar una vuelta?

ÁNGELES.–Sí.

TOCHO.–¿Tienes novio?

ÁNGELES.–No.

TOCHO.–¿Y sales con chicos, además de con ese de los cassettes?

ÁNGELES.–Sí.

TOCHO.–Oye..., sí, no, sí, no..., tú no tienes mucha conversación, ¿verdad?

ÁNGELES.–No.

TOCHO.–¿Tú quieres ser mi novia?

ÁNGELES.–¿Qué?

TOCHO.–Que si quieres ser mi chavala. ¿Estás sorda también?

ÁNGELES.–Es que así de pronto..., no se me ocurre...

TOCHO.–¿Y qué se te tiene que ocurrir?

ÁNGELES.–Si quieres salimos algún día... Así de pronto...

TOCHO.–Yo soy así, qué quieres que te diga. Si me gusta una titi, pues me gusta. *(Saca un porro liado del calcetín.)* ¿Le das a esto tú?, ¿quieres?

ÁNGELES.–Sí, bueno.

(Lo enciende, fuma, se acerca y se lo da a ella. Están los dos fumando sentados en el mostrador del estanco, y vemos al policía, que ha despertado, cómo trata de acercarse a ellos, aprovechando que están en otro mundo.)

TOCHO.–Bueno, dame un beso, ¿no?

(Ella le da un beso, y cuando el policía se asoma con malas intenciones por detrás, ella jugando se va hacia la escalera y Tocho detrás. Allí la abraza y la besa en arrebato fogoso y peliculero. Se acerca despacio el policía y le vemos acercarse con intenciones poco amorosas. Aparece en ese momento la abuela por las escaleras y al verlo le da con la jarra de vinagre en la cabeza, dejándole de nuevo sin sentido.)

TOCHO.–¡Ahí va! ¡La abuela se ha cargado otra vez al madero! ¿Has visto, Leandro?, ya mandó otra vez a soñar al poli. La tenemos que colocar una medalla; mira a ver si tú tienes alguna.

ABUELA.–Como vuelvas a poner las manos encima de la niña te mando al otro mundo. ¡Sinvergüenza!

(Persigue ahora la abuela al Tocho a escobazos por todo el estanco, seguida de Ángeles y Leandro, que tratan de sujetarla. Vuelan las cajetillas de tabaco, participando lo que pueden en el escándalo.)

TOCHO.–¡Sujeta a esa tía, Leandro, que me da!

ÁNGELES.–Abuela, no le haga nada, que somos novios.

LEANDRO.–Basta, basta, condenada, ¡estese quieta, coño!

ABUELA.–¡Abusando de una inocente, el muy canalla! ¡Si la has dejado embarazada te vas a enterar, drogadicto! ¡Te mato a escobazos, por mi difunto que te mato, si has dejado embarazada a mi niña!

TOCHO.–¿Pero qué dice, está loca?

ABUELA.–¡Como te coja vas a ver si estoy loca! ¿Qué le habrá hecho a mi niña el mariconazo este?

TOCHO.–¡Leandro, que yo no he hecho nada! Uno es rápido, pero no tanto.

ABUELA.–¡Ven aquí, no te van a quedar ganas!

ÁNGELES.–¡Abuela! ¡Abuela, por Dios, estese quieta! No le mate, que es muy guapo.

LEANDRO.–¡Basta, basta, estese quieta, joder! ¡Y tú...!

(Se levanta en medio de la confusión y medio grogui el policía, y habla con voz de andar por los cerros de Úbeda.)

POLICÍA.–¡Quedan todos ustedes detenidos!

(Y recibe un tremendo escobazo de la abuela dirigido al Tocho, cayendo otra vez desmayado, en medio de un gran jaleo y guirigay.)

Cuadro II

(Una mesa camilla en el centro del estanco. Alrededor, los cuatro jugando al tute. Atardece. El policía está atado en un rincón, a lo suyo y con cara de pocos amigos.)

ABUELA.–¡Las cuarenta!

TOCHO.–¡La madre que la...!, otra que nos ganan.

ÁNGELES.–Es que la abuela juega muy bien. En el barrio nadie quiere jugar con ella de dinero.

LEANDRO.–Ya, ya. No hace falta que lo jures. Ya veo por qué no quería jugar con judías. ¿Llevas algo, Tocho?

ABUELA.–En el tute no se habla. ¡Echa, leñe!

LEANDRO.–¡Va!, y no me grite, que no soy sordo.

(Echa Leandro y se lleva la baza la vieja.)

ABUELA.–Arrastro, que pinta en bastos. Otro. Y ahora un oro y otro. Pa mí las diez de últimas.

TOCHO.–Las diez de últimas, las diez primeras y todo lo de en medio. Mis cuarenta pavos y no juego más. ¡Esto es un robo!

LEANDRO.–La suerte que tiene...

TOCHO.–Nos ha dejado sin un duro la tahúra esta...

ABUELA.–*(Recogiendo las cartas y el dinero.)* Que no sabéis tenerlas.

LEANDRO.–Porque el tute no es lo nuestro, ¿verdad, Tocho?

TOCHO.–Claro que no, no es lo nuestro, no. Se empeñó usted porque es una lista, y claro.

LEANDRO.–¿A que no jugamos a las siete y media?, ¿eh?

TOCHO.–Eso, ¿a que no juega a las siete y media?

ÁNGELES.–A eso gana más.

TOCHO.–Tú calla, no seas gafe, coño.

ABUELA.–El que se tiene que callar eres tú, que ella está en su casa. Tengo la banca. Cartas. Antes de nada, ¿os queda dinero?

TOCHO.–*(Quitándose el reloj.)* El peluco, que es de oro. Me lo juego.

ABUELA.–¿A ver? *(Lo coge.)*

ÁNGELES.–¿Preparo cafés, abuela?

ABUELA.–Sí, de oro del que cagó el moro. *(Se lo devuelve.)*

TOCHO.–Pues me lo ha traído un colega de Canarias, que es de confianza.

ABUELA.–Pues te la ha dado con queso.

ÁNGELES.–Que si preparo cafés, abuela.

ABUELA.–Sí, cargaíto. Tráete también la botella de anís de la alacena.

TOCHO.–Esta tía es que es la hostia. Bueno, ¿cuánto me da por él? Aunque no sea de oro, algo valdrá, digo yo.

ABUELA.–Ni los buenos días. ¿Qué horas marca, las de hoy o las de ayer? Tiene las cinco y son por lo menos las siete...

TOCHO.–Es que está un poco atrasado.

ABUELA.–Claro. Eso será. Guárdalo. Guárdalo con cuidado, no se te vaya a perder.

ÁNGELES.–¿Al señor policía también le traigo?

TOCHO.–¡No, señor!, que está arrestado. Nada de lujos, que es peligroso. ¿A que sí, Leandro?

LEANDRO.–Venga, hombre. Que tome café y fume, si quiere. ¿Quiere café? *(El policía asiente con la cabeza.)* Tráele también.

(Sube la chica por la escalera y Tocho se levanta de la silla para ir detrás.)

TOCHO.–Voy a ayudarla, ya que no quiere jugar...

ABUELA.–Quieto, Barrabás, que te conozco. Ayudarla a caer. Quieto ahí.

TOCHO.–¡Bueno!, es que la ha cogido conmigo...

ABUELA.–*(Al policía.)* ¿Qué? ¿Quiere echar unas manos?

TOCHO.–¡Sí, hombre, lo que faltaba! ¿Y qué más? Guardemos las distancias y sin confianzas, que es prisionero de guerra. ¿A que no puede jugar, Leandro?

LEANDRO.–Está mejor atado. No juega y ya está.

MEGÁFONO.–¡Eh, vosotros! ¡Un momento! ¡Escuchad atentamente un momento! Está aquí el excelentísimo señor gobernador, ya va a hablaros, así que prestad mucha atención.

(El policía se pone de pie para escuchar, y el Tocho está sorprendidísimo de que tan augusta persona se digne dirigirse a él. Grave, conciliador y un tanto paternal, se escucha la voz del mandamás.)

VOZ DEL EXCELENTÍSIMO SEÑOR GOBERNADOR.–Señores, hagan el favor. Les ruego un momento de atención: les doy mi palabra de gobernador de que si salen ahora mismo y se entregan inmediatamente, se considerará como atenuante en su caso y yo influiré lo más posible en su favor. Lo más que les puede pasar si se entregan ahora, pacíficamente, es unos años de cárcel. Nada más. Nadie les va a tocar, se lo prometo, ni les va a pasar nada si se entregan por las buenas. Pero si persisten en su actitud les voy a advertir, y muy seriamente, que lo que están haciendo es muy grave. Si tenemos que entrar a por ustedes va a ser peor. Así que van a hacer ustedes caso, por su bien, y van, lo primero, a soltar a los tres pobres inocentes que tienen retenidos. Mucho más grave que el que hayan intentado robar es la retención de inocentes, que está penado con la máxima pena. Sabemos quiénes son y que aún no han hecho nada grave. La cosa todavía tiene remedio. Si se entregan ahora, todos tan contentos. ¿Entendido? No compliquen más las cosas, que bastante complicadas están ya. No tienen la más mínima posibilidad de escapar. No hagan más tonterías y entréguense. Tienen cinco minutos. Nada más. Ya lo oyen: cinco minutos. Es el último plazo, así que ustedes verán.

(Se desconecta el megáfono. El policía trata de convencerles también, hablando, como puede, con la mordaza puesta.)

POLICÍA.–Tiene razón el señor gobernador. Lo mejor es entregarse cuanto antes. No tienen posibilidad de escapar.

TOCHO.–¿Qué hacemos, Leandro?

LEANDRO.–No salir. A ver si se creen que nos chupamos el dedo. Si nos cogen nos hostian, con gobernador y sin gobernador.

POLICÍA.–El señor gobernador ha dado su palabra. Se pueden fiar.

TOCHO.–¡Usted cállese! Nadie le ha pedido su opinión. *(A Leandro.)* Que no, tío, que no. Que te digo, que qué hacemos con la abuela, que no quiere jugar de fiado. Se quiere retirar, la tía. Nos deja sin chapa y no nos quiere dar la revancha.

ABUELA.–La pistola. Os juego la pistola.

TOCHO.–La pistola no se juega, que es herramienta de trabajo. Ya está. Un momento.

(Se acerca al policía y le quita la cartera y el reloj.)

¿Me deja estas tres mil pelas?: muchas gracias. Se las devuelvo el sábado cuando cobre. Y el reloj. ¿Este vale, abuela?

ABUELA.–No juego dinero robado. Se acabó la partida.

TOCHO.–Bueno, yo con esto estoy en paz. Me he recuperado. *(Se guarda el dinero y el reloj. Aparece Ángeles.)*

ÁNGELES.–Los cafés y el anís.

TOCHO.–Yo con mucho azúcar, muñeca.

ABUELA.–¡Que se te está cayendo todo fuera! Pero adónde miras, alma de Dios; me parece a mí que estás tú arreglada. Pues ya se te puede ir quitando eso de la cabeza, que tú no sales con ese golfo mientras yo viva. ¡Faltaría más!

TOCHO.–O menos. Más quisiera usted que entrara en el negocio. Hace falta un hombre en casa, eso se ve, y un servidor está hecho con material de primera, señora, así que sin faltar.

ABUELA.–Pues sí que... Era lo que me faltaba a mí.

(Leandro ha traído al policía hasta la mesa, le sienta en una silla y le quita la mordaza para que tome el café.)

LEANDRO.–Tenga usted, tómese un cafecito, le sentará bien.

(Le da el café y se lo bebe. Todos le miran.)

¿Qué? ¿Ya está mejor?

POLICÍA.–No. Me encuentro muy mal. Tengo que ir al hospital. Me han roto el codo al tirarme, casi seguro, y la cabeza me duele muchísimo. Vamos, que no estoy mejor, sino muchísimo peor.

LEANDRO.–Venga, hombre, no será para tanto. Gajes del oficio.

ABUELA.–Oiga, disimule usted, señor policía, que ha sido sin querer las tres veces.

POLICÍA.–¿No tendrá unas aspirinas por ahí?

ABUELA.–¡Quite ya!, veneno puro. Luego le hago unas hierbas si acaso. ¿Quiere una copita? Es del dulce, para que se entone un poco...

POLICÍA.–No, gracias. Estoy de servicio. ¡Ay, Dios!, me duele toda esta parte de aquí, me llega hasta el ojo.

LEANDRO.–No es nada, no se preocupe.

ABUELA.–Es del golpe, que está un poco hinchado.

ÁNGELES.–¿Quiere más café?

POLICÍA.–No, gracias.

LEANDRO.–¿Está mejor? Bueno. Ahora va usted a hacernos un pequeño servicio. *(Se levanta.)* Diga a sus colegas de fuera que está bien y que no hagan nada. Si atacan la casa más de uno no come el turrón estas Navidades, usted el primero, así que no se pasen de listos.

POLICÍA.–Muy bien. Salgo y se lo digo, y no se preocupen, que...

TOCHO.–¿Dónde vas? Este se cree que nos chupamos el dedo. Se lo dices desde aquí, altito, para que te oigan. ¡Venga! Y cuidado, ¿eh?, no nos pasemos de listo, ya has oído al Leandro.

(Acercan al policía a la puerta y grita a los de fuera.)

POLICÍA.–¡Señor gobernador!, aquí el subinspector Maldonado, a sus órdenes. Estoy bien. Las mujeres también están bien. Es mejor que no intenten entrar, estos están armados. Son dos, tienen dos pistolas, con la mía, y una navaja...

ABUELA.–¡Oiga!, menos explicaciones, que se está pasando.

TOCHO.–Dígales que necesitamos unas cuantas cosas, que nos las traigan los de la Cruz Roja.

POLICÍA.–¡Qué a ver si podían traer unas cuantas cosas que hacen falta!

TOCHO.–Los de la Cruz Roja.

POLICÍA.–¡Los de la Cruz Roja!

TOCHO.–Vamos a ver..., «unas novelas»...

POLICÍA.–¡Unas novelas!

TOCHO.–... abuela, ¿hay camas para todos?

ABUELA.–Anda, y vete a hacer puñetas.

TOCHO.–... «unos kilos de filetes».

POLICÍA.–¡Unos kilos de filetes!

TOCHO.–«Unas linternas»..., por si cortan la luz.

POLICÍA.–¡Unas linternas!

TOCHO.–«Una caja de cervezas.»

POLICÍA.–¡Una caja de cervezas!

ABUELA.–¿Pero es que os vais a quedar a vivir aquí o qué?

TOCHO.–¡Cállese, leche! *(De nuevo al policía.)* Y tres..., cuatro mil pesetas.

POLICÍA.–¡Y cuatro mil pesetas! ¡También unas aspirinas, ya de paso, por favor!

TOCHO.–¡Ah!, y un regalo para Leandro, que es su cumpleaños.

LEANDRO.–Venga, ya está bien, Tocho, cállate ya. Ya está bien. *(Al policía.)* Dígales usté que no intenten entrar o dejamos viuda a su mujer. Dígaselo, que hablamos en serio.

POLICÍA.–¡Dicen que no intenten entrar!

TOCHO.–*(Apuntando.)* «O dejamos viuda a su mujer.»

POLICÍA.–¡O dejan viuda a su mujer!

TOCHO.–A su mujer, gilipollas, a su mujer, a la suya.

POLICÍA.–Yo estoy soltero.

MEGÁFONO.–De acuerdo. Tranquilos. No haremos nada por ahora. No nos acercaremos a la casa, y por la cuenta que les tiene procuren que no les pase nada a los rehenes. Más tarde o más temprano tendrán que salir. No tenemos prisa. Cuanto más tarde salgan, peor para ustedes.

(La nueva tregua concedida baja la tensión del termómetro. El subinspector Maldonado aprovecha el momento y trata de llevarse el gato al agua, paternal, humano y conciliador.)

POLICÍA.–La verdad es que deberían ustedes entregarse. ¿Qué remedio les queda? Es mucho mejor resolver todo esto de buena manera. Ya tienen bastante con lo que han hecho hasta aquí: atraco a mano armada, premeditación y alevosía, secuestro y retención de rehenes, ataque con lesiones a la autoridad...

LEANDRO.–¿A qué autoridad hemos hecho lesiones, vamos a ver?

POLICÍA.–A mí. A la autoridad..., yo... Y retenerme aquí a la fuerza con amenazas.

TOCHO.–La que le ha atizado ha sido la abuela, así que ya sabe usted, abuela...

ABUELA.–Yo no quiero saber nada.

POLICÍA.–Ustedes, ustedes dos, ustedes son los responsables de todo lo que pase aquí. Luego el allanamiento de morada, intimidación constante, desprecio de sexo, que esa es otra, ¡ah!, y sobre todo, el no haber hecho caso al excelentísimo señor gobernador. Eso es lo peor.

(Se va haciendo dueño de la situación. Llega hasta la mesa, se sirve otro café y se lo toma.)

¿Pero saben ustedes lo grave que es retener a un miembro del Cuerpo Superior de Policía, así, a punta de pistola? Y la ignorancia no exime de la pena en ningún caso.

LEANDRO.–Usted es un médico. Nosotros pedimos un médico, usted tiene bata de médico..., para nosotros, un médico.

TOCHO.–Di que sí, Leandro.

POLICÍA.–Hombre, no, no digan que yo... *(Trata de quitarse la bata.)*

TOCHO.–¡Quieto ahí con la bata puesta! Así si nos da anginas o cualquier cosa, pues ya está.

POLICÍA.–Bueno, bueno. Basta de chiquilladas. Hay muchos agravantes, pero yo estoy dispuesto a ayudarles en lo que sea y a hablar en su favor. No son ustedes profesionales, eso se ve...

TOCHO.–*(Picado.)* ¡Usted es un bocazas! Usted es un bocazas, se lo digo yo. Venga, a tapar. Que en boca cerrada se dicen menos chorradas. *(Le pone la mordaza y lo lleva a un rincón.)*

LEANDRO.–La cosa está jodida. No sé qué hacer.

TOCHO.–De momento un saco de cemento. Nos tomamos un copazo de anís a la salud de la abuela y nos ponemos bien, ¿no?

(Sirve chinchón Ángeles en las copas y se meten un lingotazo entre pecho y espalda, de esos que dan buen consejo al que lo ha de menester.)

TOCHO.–¡A su salud, jugona!

ABUELA.–¿Queréis un pito?, ¿rubio o moreno?

TOCHO.–Saque el Winston de las grandes ocasiones. ¿Otra copa, abuela?

ABUELA.–Si no se os sube a la cabeza...

(Echa ahora el Tocho del blanco líquido en las pringosas copas hasta rebosar y la cosa empieza a tener color.)

TOCHO.–¿Oyes, Leandro?, dice que se nos va a subir a la cabeza.

LEANDRO.–Mira cómo empina. De un trago. Una alhaja de quince quilates.

TOCHO.–Como la nieta.

ABUELA.–*(A Ángeles.)* Tú un chupito solo, niña, que luego no duermes. Saca las pastas para que pase mejor.

TOCHO.–Esto parece mismamente un guateque. Hay que celebrar el cumpleaños del Leandro, ¿a que sí? ¿No tiene música aquí, abuela?

ÁNGELES.–Sí que tenemos. ¿Puedo bajar los discos, abuela?, ¿me deja?

ABUELA.–¡Bájalos si quieres!, pero no los rompas. Son más viejos que yo, así que no sé para qué...

(Desaparece por la escalera la Ángeles, mientras los demás siguen dándole al anís. Entran animados por el ventanuco de encima de la puerta los últimos rayos de sol de la tarde.)

TOCHO.–Algo habrá con marcha. ¡Ánimo, Leandro, hombre! No te vas a dejar comer el coco por el gobernador, ¿no? ¿Tú lo conoces?

LEANDRO.–¿Yo? Ni sé cómo se llama.

TOCHO.–¿Y usted, abuela?

ABUELA.–A mí ni me va ni me viene.

TOCHO.–Ni a mí. Pues ya está.

ÁNGELES.–*(Vuelve con las pastas, el tocata y los discos de la voz de su amo.)* Aquí está. Es un poco antiguo, pero se oye muy bien.

TOCHO.–«Un poco antiguo.» ¿Has visto, Leandro? Si hasta tiene manivela. ¿Qué, abuela, se lo regaló a usted su madre cuando hizo la Primera Comunión?

ABUELA.–No, rico, me lo regaló el cura, que era tu padre.

TOCHO.–¿Que el cura era mi padre?, ¿que el cura era mi padre, eh?..., ¿se cree que soy tonto?, ¿usted se cree que yo me chupo el dedo...?, pues mi madre está en el cementerio, bajo tierra, ¿me oye?, y si se mete con ella, por muy vieja que sea, le voy a partir la bocaza esa que tiene, ¿me oye?

LEANDRO.–No te pongas así, hombre. No lo ha dicho con mala intención, ¿vas a pegarle a una anciana? *(Poniéndose delante.)*

TOCHO.–¡Joder, con la ancianita!

ABUELA.–Tu madre sería una santa, pero tú eres un desgraciado, hijo. No hay más que verte.

TOCHO.–¿Lo ves? ¿Ves cómo se está ganando un par de hostias?

(Va hacia ella y le sujetan Ángeles y Leandro.)

Se está rifando una y lleva todas las papeletas.

LEANDRO.–Venga, Tocho, ya está bien, ¿te vas a manchar las manos por una tontería?, no seas así...

ÁNGELES.–Abuela, a ver si deja de meterse con el chico, que no le ha hecho nada.

ABUELA.–¿No se ha metido él con mi madre?, pues estamos en paz.

TOCHO.–Tiene que quedar encima la tía... ¡Me voy a cagar en...!

LEANDRO.–Bueno, bueno, se acabó...

ÁNGELES.–Haya paz, abuela...

LEANDRO.–*(A Ángeles.)* Pon un disco de esos, venga. ¡Otra copa, vamos! Se acabó la pelea.

(Beben y las aguas vuelven a sus cauces lentamente. Empieza a sonar el pasodoble «Suspiros de España» y la musiquilla, ramplona y caliente, debe haber visto la bandera pintada en la puerta y se pone emotiva y en su salsa.)

ÁNGELES.–*(En un pronto.)* ¿Quieres bailar conmigo, Tocho?

TOCHO.–No, que estoy enfadao. Además, no sé bailar eso. Es de cuando se hacía la guerra con lanzas.

ÁNGELES.–No seas rencoroso, que yo no he hecho nada. Yo te enseño.

TOCHO.–Bueno, pero que no se vuelva a meter con mi madre esa.

ABUELA.–Ni tú con la mía.

(Empiezan los dos chavales a mover el esqueleto, paso va, paso viene.)

LEANDRO.–¿Se le pasó el mosqueo, abuela?, ¿qué?, ¿se echa un baile conmigo?

ABUELA.–Anda, guasón, voy a bailar yo a mis años...

LEANDRO.–Es mi cumpleaños.

ÁNGELES.–Baile, abuela, que yo sé que le gusta.

LEANDRO.–*(Ceremonial y pelotillero.)* ¿Me concede el honor de este baile?

ÁNGELES.–¡Que está deseando!

LEANDRO.–Ande, solo uno.

ABUELA.–Es que sois de lo que no hay. Bueno, pa que no digáis. Solo unas vueltas. Anda, que también ponerse a bailar con todo lo que hay ahí fuera...

TOCHO.–¡Hale ahí!

ÁNGELES.–La abuela es la que mejor baila del barrio.

(Se marcan ahora las dos parejas un pasodoble de aquí te espero y aquello parece ya, de verdad, la fiesta de un cumpleaños.)

LEANDRO.–Baila bien, sí señor.

ABUELA.–Hacía la tira que no bailaba, desde el santo de un vecino de aquí, ¿verdad, Ángeles? ¡Tú, no te arrimes a la niña!

TOCHO.–Y usted no se arrime al Leandro, que la veo.

ABUELA.–Habráse visto el pocachicha este, la mala leche que tiene.

LEANDRO.–Otra vuelta, abuela, así, muy bien...

(Canturrea ahora Leandro la letra de la canción.)

«... eran, eran suspiros, suspiiroos de España...».

ABUELA.–Es bonita esta pieza, ¿a que sí?, emociona...

LEANDRO.–Sí, abuela, sí, es bonita de verdad. Muy bonita. Si yo estoy en Alemania currando y la oigo, es que me cago por la pata abajo... «... unaa copla secuuchooooo».

ABUELA.–Mi difunto, el pobre, lloraba siempre que la poníamos. Era muy serio, pero tenía un corazón que no le cabía en el pecho.

ÁNGELES.–Es que es muy bonito ser español, ¿a que sí?

TOCHO.–Según se mire.

LEANDRO.–España no hay más que una, sí, señor.

TOCHO.–Es que si llega a haber dos se van todos pa la otra. Huele a humo. ¡Que huele a quemado! ¡Huele a quemado!

(Paran todos de bailar y las narices guían los ojos hasta un rincón detrás del mostrador.)

ABUELA.–¡Fuego! ¡Fuego, sale fuego! ¡Ay, Dios mío, fuego!

ÁNGELES.–¡Ay, Dios, que está ardiendo todo!

LEANDRO.–Una manta, ¡agua!, ¡maldita sea, moverse!

(Es más el ruido que las nueces, y en un momento a pisotones van acabando con el naciente fuego. Leandro se ha quitado la chaqueta y a chaquetazos acaba con el foco principal.)

TOCHO.–Ha sido ese hijo puta, seguro. Lo mato por cabrón.

(Se fijan ahora todos los ojos en el policía, que tiene cara de héroe de película cuando le sale mal la cosa.)

ABUELA.–*(Al policía.)* Se podía haber metido las manos donde yo me sé. ¡Vaya una forma de ayudar!, si me quema el estanco me deja en la calle.

TOCHO.–*(Le registra y le encuentra una caja de cerillas.)* Había sacado las cerillas y casi nos chamusca.

LEANDRO.–Menos mal que nos hemos dado cuenta rápido. Si se prende el tabaco la liamos. ¡Ay! ¡Pero si me he quemado!

ABUELA.–¿A ver? Te has quemado, sí...

TOCHO.–¿Te has quemado la mano, Leandro...? *(Al policía.)* ¿Has visto? ¡Por tu culpa!, ahora te vas a tragar todas las cerillas que quedan en la caja, una por una.

(Le quita la mordaza y muy violento va a meterle las cerillas en la boca, contestándole el policía en el mismo lenguaje agresivo.)

POLICÍA.–¡Anda, si te atreves, hazlo, anda! ¡Muy valiente, porque estoy atado! ¡Suéltame a ver si tienes tantos cojones!

TOCHO.–¡Te vas a tragar todas las cerillas, por mi madre!

POLICÍA.–¡Ya te cogeré yo a ti en la comisaría, a ver si allí tienes tantos huevos!

TOCHO.–¡A mí!, ¡a mí!

POLICÍA.–¡Sí, a ti, chulo de mierda! ¡A ver si allí eres tan valiente!

TOCHO.–¿A que te parto la cara? ¿A que te la parto atado y todo?

POLICÍA.–¡No sabes lo que estás haciendo! ¡Ya te enterarás, ya! ¡Te voy a matar!

TOCHO.–¡A mí tú, madero! ¡Tú a mí me la meneas! ¿Oyes tú? ¡Me la meneas! ¡Y a ver si te voy todavía a...!

(Se mete el Leandro, separándolos, volviendo a colocar la mordaza al policía y alejando a Tocho.)

LEANDRO.–Estáte quieto, déjalo.

TOCHO.–¿Que lo deje?, ¿no ves que es un cabronazo?

LEANDRO.–La culpa es nuestra. Átalo mejor, para que no pueda moverse, y déjalo. Es su oficio.

TOCHO.–Su oficio, su oficio..., le voy a dar una que...

ABUELA.–A ver, tú, a ver esa mano. Bájate la pomada, Ángeles, y un vaso de agua, que este hombre se marea.

LEANDRO.–Déjelo, si no es nada. Nos ha aguado la fiesta.

ABUELA.–Se te ha quemado un poco la chaqueta. Luego te lo coso, a ver qué se puede hacer. Oye, ¿te mareas?, estás un poco blanco...

LEANDRO.–No, si no es nada.

ABUELA.–Tiene que doler, tienes una buena quemadura. Siéntate aquí y estáte quieto, ¡leches!

ÁNGELES.–*(Bajando.)* La pomada, abuela, y el agua.

LEANDRO.–Que no es nada, déjelo.

ABUELA.–Pareces un disco rallado. Trae la mano.

(Le da pomada sobre la quemadura con mucha dulzura.)

¿Qué?, ¿duele ahora?

LEANDRO.–Mano de santa.

ABUELA.–Y ahora te hago unas hierbas, por si se infecta y te da fiebre, aunque no creo, por la pinta que tiene...

TOCHO.–No te quejarás, ¿eh, Leandro? Como una madre.

ÁNGELES.–La abuela es la que mejor cura del barrio. ¿Le traigo fomentos, abuela?

ABUELA.–No, no hace falta. Esta pomada me la enseñó a hacer a mí mi abuela, que en paz descanse.

TOCHO.–Ya ha llovido, ya.

ABUELA.–Se te van a levantar unas buenas ampollas. En unos días no vas a poder tocar el piano.

MEGÁFONO.–¿Pasa algo ahí dentro?

(La voz fría y metálica les vuelve a la realidad. Tocho contesta desde la puerta, gritando hacia fuera.)

TOCHO.–¡La saliva por la garganta!

MEGÁFONO.–¿Qué es ese humo? ¿Qué pasa?

TOCHO.–Aquí, vuestro compañero, el Jerónimo, que se ha puesto a hacer señales, pero se le ha visto el plumero.

LEANDRO.–¡No pasa nada!

MEGÁFONO.–¡Maldonado! ¿Está usted bien?

(Quita Leandro la mordaza al policía y le indica que conteste.)

POLICÍA.–¡Sí, sí... Estoy bien! No pasa nada. Tranquilos. Todo va bien.

MEGÁFONO.–¿Necesitas algo? ¿Las mujeres están bien?

LEANDRO.–¡Diga que está bien!

POLICÍA.–¡No, no... Todo bien!

MEGÁFONO.–De acuerdo. Cambio y corto.

(Calla el megáfono, vuelven a poner la mordaza al policía, y quedan luego todos por un momento mirando a las musarañas. Va desapareciendo la última luz de la tarde y el momento se pone tristón. La abuela enciende la bombilla amarillenta de 60 W, que da una tonalidad irreal a las filas de ducados, y empieza a recoger lentamente los restos de la fiesta.)

ABUELA.–¿Qué?, ¿cómo va eso?, ¿escuece todavía?

ÁNGELES.–¿A que ya está mejor?

LEANDRO.–Mucho mejor. Ya no me duele nada. Mano de santa, abuela, mano de santa.

(Ha puesto Tocho de nuevo el pasodoble, y como si supiera lo que está pasando suena ahora más apagado, más triste, más ramplón, más vacío. Y las cuatro siluetas se van recortando sobre los estantes de madera roída del viejo estanco de Vallecas.)

Cuadro III

(Es noche cerrada. Oscuridad solo rota por las rendijas de luz de la puerta y el ventanuco de encima, que dejan pasar rayos de los focos que la policía ha colocado fuera. Silencio. Solo se oye algún ratoncillo que va de romance nocturno. Luego se escucha crujir los escalones de madera y el Tocho, que hace guardia, se estira como un gato en la oscuridad.)

TOCHO.–*(En voz baja.)* ¿Quién anda ahí?

ÁNGELES.–*(También en un susurro.)* Soy yo. He venido a traerte café con leche y unas pastas de chocolate. La abuela está como un tronco y al Leandro le he oído roncar.

TOCHO.–Gracias, muñeca. ¿Tú no tienes sueño?

ÁNGELES.–Yo soy de poco dormir. ¿Está bien de azúcar?

TOCHO.–Riquísimo, como tú. Siéntate aquí, a mi lado, anda, a hacerme compañía. ¿Tú no quieres una pasta?

ÁNGELES.–No tengo hambre. Además no me gusta mucho el dulce. Dice la abuela que se caen los dientes.

TOCHO.–¡Que se caigan, no hagas caso! Yo soy un golosón. Por eso me gustas tú, porque eres un pastelillo de nata. *(Mira a la chica: está ahora sin gafas, el pelo suelto y en camisa, muy guapa.)* ¡Estás más buena que el arroz con leche!

ÁNGELES.–No seas tonto.

TOCHO.–¡Madre mía, que me la como!, ¡soy el lobo feroz y me la como!

ÁNGELES.–¿A quién?

TOCHO.–A ti, pastel caramelo, azuquita..., a ti, que tienes unos labios preciosos, ¡unos ojazos!, y aquí dos manzanitas que no se pueden aguantar, a punto caer del árbol, que están diciendo ¡comerme!, ¡comerme!

ÁNGELES.–Me estás haciendo cosquillas...

TOCHO.–Cosquillas, cosquillas..., un niño o dos te hacía yo ahora mismo si no estuviera de guardia. Dame un beso en la boca, anda.

ÁNGELES.–*(Riéndose.)* No sé.

TOCHO.–Ven que te enseño. *(La besa.)* Me gustas más que una moto de carreras, más que una poza llena de vino, más..., más que todo el oro del mundo... *(Canturrea bajito.)* «Más quel aire que respiro y más que la mare mía.»

ÁNGELES.–Como se despierte la abuela y te vea tocando, la liamos.

TOCHO.–Pues que no mire. La abuela está en el país de los sueños y yo también. ¡Qué tetitas, Dios mío, qué tetitas! ¡Quítate este botón, anda...!

ÁNGELES.–Pues tú también.

TOCHO.–Que estoy de guardia, ya te lo he dicho, ¡estáte quieta! Además, yo no es lo mismo.

ÁNGELES.–¿Por qué, vamos a ver?

TOCHO.–«¿Por qué, vamos a ver?», porque sí.

ÁNGELES.–Si tú me metes mano a mí, yo te meto mano a ti.

TOCHO.–Es que me pongo muy nervioso.

ÁNGELES.–Yo también, y me dejo.

TOCHO.–Pero, bueno, ¡habráse visto! A que me enfado.

ÁNGELES.–¿No me he desabrochado yo el botón?

TOCHO.–Que te he dicho que no es lo mismo. Además, hay un policía; no voy a ponerme aquí, delante de un madero, ¿no?

ÁNGELES.–Si está dormido.

TOCHO.–Y si se despierta, ¿qué?

ÁNGELES.–Lo que pasa es que te da vergüenza, que lo sé yo. Si quieres yo me subo un poco el camisón. ¿Te gusta?

TOCHO.–Te voy a dar un mordisco donde yo me sé que vas a andar luego jugando. ¡Qué muslitos tan suaves! Parece la piel misma del melocotón.

ÁNGELES.–Los melocotones tienen la piel muy áspera. Yo los pelo para comérmelos, así que ya ves.

TOCHO.–Bueno, pues de ciruela, o de sandía, o de plátano...

ÁNGELES.–Eso sí que es un plátano *(risitas),* ¡y qué grande!

(Se oye pasar una ambulancia. El policía se rebulle. De pronto, Ángeles deja las risitas y se pone a llorar.)

TOCHO.–¿Por qué lloras ahora?, ¿te he hecho algo...? ¿Te has cortado? ¡Anda, que las mujeres, no hay quien os entienda! Estaba riendo y se pone a llorar..., ¿estás enfadada por algo?, ¿entonces es que ya no me quieres...?, bueno, pues sí que... ¡bajito, que se van a despertar todos...!, pero no llores, mujer, no seas así..., no te he hecho nada, ¿no...?, si eres mi novia, me tienes que decir por qué lloras, para saberlo.

ÁNGELES.–*(Lloriqueando.)* Es por lo que me ha dicho mi abuela.

TOCHO.–Y qué te ha dicho tu abuela, si puede saberse.

ÁNGELES.–Que de esta vais los dos a la cárcel para toda la vida.

TOCHO.–¡Qué exagerada la vieja! Lo primero es que nos cojan. Lo segundo... ¡Ya veremos, dijo un ciego! Tú no declararás contra mí, ¿verdad?

ÁNGELES.–¿Yo?, ni la abuela tampoco, seguro.

TOCHO.–Pues decís a los polis que somos unos parientes que hemos venido a pasar unos días y ya está. Arreglado, ¿lo ves?

ÁNGELES.–Bueno. *(Pausa.)* ¿Y ese, qué?

(Empieza a acariciarla dulcemente la cabeza.)

¿Ya se te ha pasao? ¿Estás mejor?

ÁNGELES.–Sí.

TOCHO.–Ven. Ven aquí conmigo...

(Ella se acerca y se acurruca en sus brazos.)

ÁNGELES.–Es que no quiero que te pase nada.

TOCHO.–¡A mí! ¡Qué me va a pasar a mí! Hierba mala... ¿Cómo no te había conocido yo a ti antes, vamos a ver?

ÁNGELES.–No sé.

TOCHO.–Se está bien aquí..., ¿a que sí...? Mira..., no se oye nada. El mundo se ha parado. Estamos tú y yo solos...

ÁNGELES.–Sí.

TOCHO.–Así, tranquila... No te preocupes, amor mío, que ya verás cómo no va a pasar nada.

ÁNGELES.–Lo dices como en el cine lo de «amor mío». A ver, dilo otra vez.

TOCHO.–Amor mío. Amor mío. Amore mío, se dice en italiano.

ÁNGELES.–«Amore mío...» ¿Y en francés?

TOCHO.–«Ye vous emé.»

(Ríen los dos bajito y tose el policía dormido.)

¡Chiss!, ¡calla, que se va a despertar aquí el cherif!

ÁNGELES.–Amore mío..., amore mío..., amore mío...

(Ríen otra vez juntos, y se besan, y se abrazan, y se acarician, y se quieren, y se va apagando sobre sus cuerpos juntos lentamente la luz.)
(Bajan las escaleras, despacio, Leandro y la abuela. En manos de esta un viejo quinqué de antes de la guerra que alarga sus sombras. Crujen los escalones de madera en el silencio de la noche.)

LEANDRO.–¿Lo ve, exagerada? Mírelos, ahí dormidos, como los ángeles.

ABUELA.–Un ángel y un diablo, di mejor. Nada más entrar por esa puerta me dio en el olfato: ¡Satanás de joven, mismamente!

LEANDRO.–Un buen chico.

ABUELA.–Hay cariños que ciegan. Este te lleva a ti por mal camino, y a mi nieta, si la dejo. Pero, antes de que me la desgracie, le saco los ojos al Romeo este. Que una ha visto ya mucho para que le den gato por liebre, y este es de los que arañan; no hay más que verlo, la cara de malo que tiene. Las malas compañías han puesto al mundo como está.

LEANDRO.–El mundo lo han puesto como está los que yo me sé. No me venga con gaitas que ya soy mayorcito y yo tampoco me chupo el dedo.

(Los dos quedan un momento bajo la luz irreal que proyecta sus sombras sobre la pared de tabaco. Se miden en la oscuridad, buscando un resquicio por donde entrarse. Rompe el silencio el maullido de un gato dolorido y filósofo, que acaba de descubrir el intríngulis del mundo.)

ABUELA.–¡Qué nochecita! Cualquiera pega ojo.

(Mira por las rendijas de la puerta hacia fuera.)

Como les dé a esos por entrar a saco vamos a pagar, como siempre, los que menos culpa tenemos. *(Mira al policía.)* Ese parece que está acostumbrado... ¿Qué? ¿Quieres un pito?

LEANDRO.–Sí, bueno. No haga ruido, no se despierten.

ABUELA.–La Ángeles, ni aunque la pase por encima el camión de la basura. Yo también voy a echar un cigarro. Un día es un día.

LEANDRO.–¿Fuma usted, abuela?

ABUELA.–Cuando se tercia. Un cigarrillo de vez en cuando, no hace mal a nadie, digan lo que digan los médicos. Dos veces he ido al médico en mi vida, y las dos veces casi me mata. ¿Te duele la mano?, si quieres te doy más pomada.

LEANDRO.–No, está bien. Ya no lo noto casi. Ha quedao muy ahumada esa pared. La tendrá que dar un poco de pintura. Ese tabique está muy mal hecho, de todas formas. Cualquier día se le cae encima. Se podía ya aprovechar y arreglarlo y encalarlo bien. No es nada.

ABUELA.–¿Cómo te metiste en estos berenjenales? Ese pájaro de cuenta lo entiendo, pero tú tienes más cara de San Roque que de gángster. Oye, no me la habrá dejao embarazada el pistolero este. Era lo que me faltaba pal duro.

LEANDRO.–Qué pistolero ni qué pistolero. Y ha cogido una manía con lo de embarazada, que pa qué.

ABUELA.–Si sabrá una lo que dice y por qué lo dice. ¿Sabes por qué eché yo a la madre de Ángeles al mundo?, ¿no?, pues yo sí. Cuanto más miro a ese menos me gusta. Se parece a uno que yo me sé. Su propia foto.

LEANDRO.–Porque le mira con malos ojos.

ABUELA.–Y tú, guapo, ¿tienes novia?

LEANDRO.–Casado y separado. Bueno, separado, que se dio el piro con uno que valía más que yo.

ABUELA.–¿Y tienes madre o alguien a quien avisar, en el caso que os pasara algo? No es por ponerme en las malas, pero más vale un por si acaso...

LEANDRO.–Más solo que la una. Bueno, tengo al Tocho, eso sí.

ABUELA.–Pues si que..., más vale solo que mal acompañado.

LEANDRO.–Qué manía ha agarrado usted con el chico. Porque robe no es para tanto, ¿no?, que hay quien roba millones todos los días y nada.

ABUELA.–En eso tampoco andas equivocado, ya ves.

(A todo esto, Leandro anda de un lado para otro, tocando y golpeando las paredes.)

LEANDRO.–¿Esta pared de aquí, a dónde da?

ABUELA.–A la casa de al lado, dónde va a dar. ¿Por qué?

LEANDRO.–No, por nada. *(Pausa.)* ¿Usté aquí no tendrá un pico?

ABUELA.–¿Un pico? ¿Para qué voy a tener yo un pico? Oye, tú, no estarás pensando en tirarme la casa... A ver si crees, además, que la policía es tonta. ¡Un pico! Desde luego, se te ocurre cada cosa. Cuando yo te digo. ¡Un pico!

LEANDRO.–Bueno, bueno... Solo estaba preguntando...

(Sigue Leandro mientras habla, empujando las paredes aquí y allá, como si fuera a encontrar una puerta mágica que les saque de allí, o algo parecido.)

Por el techo no hay quien salga..., con los faros que han puesto se ve más que de día... Pues precisamente quería yo pedirle a usted un favor..., por si la cosa se pone mal y no podemos salir de aquí..., a ver si es posible...

ABUELA.–Tú me has salvado el estanco del fuego, así que si puedo hacer algo por ti..., aunque tú también tienes culpa, todo hay que decirlo. Las cosas son como son.

LEANDRO.–No, si no es por mí. Se trata del chico. Que me ayudara usted a sacarlo de esta de alguna forma.

(Como si la hubieran puesto un cohete, salta la abuela y apaga el pito y las confidencias, recogiendo velas.)

ABUELA.–¡Ah, no, de eso ni hablar! Una cosa es una cosa y otra es otra. A mí no me metas en esto. ¡Encima de que venís a robarme, casi me matáis y el estanco medio chamuscado! ¡Vamos, anda!

LEANDRO.–¡Chisss!, que los va a despertar.

ABUELA.—¡Pues que se despierten! Mira, no me pareces mal chico, a pesar de todo, pero a mí no me líes. A mí me tenéis aquí a la fuerza, que conste, y a mi nieta igual. Yo no quiero saber nada. No es solo por mí..., además, que no.

LEANDRO.—Si a usted no le iba a pasar nada. Es solo decir que he sido yo solo, que él estaba aquí, o que nos conocían..., o.

ABUELA.—¿El policía qué, eh? Ese lo ha visto todo.

LEANDRO.—O que venía conmigo, pero no hacía nada, que somos casi familia...

ABUELA.—¡Que no! Yo no me meto en esto. Lo que tenéis que hacer es entregaros y dejaros de historias. Está más claro que el agua. Y a ver si todavía no me busco un disgusto por haberle endiñao a ese los golpes por vuestra culpa. Lo que hay que hacer es trabajar, y ser como Dios manda, y no andar por ahí asesinando y robando y luego acordarse de Santa Bárbara cuando truena. Me quitan la licencia del estanco y me hunden.

LEANDRO.—No hemos matado a nadie. Y lo de trabajar, el que tenga trabajo. De todas formas, gracias, déjelo. Usted por qué se va a meter.

ABUELA.—Eso mismo digo yo.

(Se acerca a la niña y la zarandea para que despierte y para sacarse no sé qué diablo que tiene en el cuerpo.)

¡Tú, arriba, vamos, a la cama, venga, despierta! ¡Venga, a dormir conmigo arriba, que aquí no se nos ha perdido nada!

ÁNGELES.—Ya voy, abuela. ¿Hago el desayuno?

ABUELA.—¡El desayuno!, ¡anda para arriba, y como bajes otra vez, te ato a la pata de la cama!

ÁNGELES.—Me había quedado dormida.

ABUELA.—No hace falta que lo jures.

(Suben las escaleras las dos mujeres. La abuela se vuelve un momento desde arriba y habla al Leandro.)

ABUELA.—Oye, tú, ¿de verdad era hoy tu santo?

LEANDRO.—Sí, de verdad.

ABUELA.–Pues felicidades, hombre. Hale, y hasta mañana, si estáis aquí cuando nos levantemos. Y lo dicho, cuanto antes os entreguéis, mejor, te lo digo yo.

LEANDRO.–Gracias por el consejo.

(Desaparecen nieta y abuela en la oscuridad. El Tocho, que se estaba haciendo el remolón, habla ahora al Leandro.)

TOCHO.–¿Pasa algo, Leandro?

LEANDRO.–Ha venido la vieja y se ha llevao a la niña.

TOCHO.–¿Quieres que siga de guardia?

LEANDRO.–No, sigue durmiendo; luego te despierto. Yo no tengo sueño.

TOCHO.–No estaba dormido, no vayas a creer. Solo me había quedao un poco traspuesto. *(Mira al policía.)* ¿Ese sigue frito?

LEANDRO.–Como un bendito. Se ve que no le damos mucho respeto.

TOCHO.–¿Qué hora es? Este cacharro no anda... *(Golpea su reloj.)*

LEANDRO.–Las cinco menos cuarto. *(Pausa.)*

TOCHO.–¿Qué hora será en la China?, ¿eh, Leandro?

LEANDRO.–¿En la China?, y yo qué sé, ¿por qué?

TOCHO.–No, por nada. ¿Siguen esos ahí fuera?

LEANDRO.–Se han ido.

TOCHO.–¿Se han ido?

LEANDRO.–Se han ido unos y han venido otros.

TOCHO.–¡Ah! Anda que el gobernador se habrá quedado bien jodido, ¿a que sí?

LEANDRO.–¿Por qué?

TOCHO.–No hemos salido, ¿no?

LEANDRO.–Estás tú listo. Los que estamos bien jodidos somos nosotros. Él estará tan pancho en una cama cojonuda. Sí, seguro que no duerme por nosotros, seguro.

TOCHO.–Pero bueno, no ha colao, ¿o no?, ¿eh?

LEANDRO.–Una cama cojonuda, un cochazo de Dios, una casa de aquí te espero, un dinero todos los meses...

TOCHO.–Bueno, ¿y qué? Nosotros, ni puto caso. ¿Hemos salido? ¿Hemos salido por muy gobernador que sea? ¿Hemos salido?

LEANDRO.–No, no hemos salido. Anda, duérmete.

(Recorre arriba y abajo las cuatro paredes Leandro, haciéndose a la idea. Ronca el policía, en el fondo del estanco. Tocho busca la hendidura en el banco de la pared.)

TOCHO.–Tengo un dolor de tripas de Dios. Me están dando retortijones. ¿Habías estado alguna vez metido en un fregao como este?
LEANDRO.–Sí. Cuando le robé los condones a Franco.
TOCHO.–*(Riéndose.)* ¿De qué tamaño los usaba?
LEANDRO.–Calla, coño, que vas a despertar a ese. *(Riéndose también.)*
TOCHO.–Que se despierte. A ver si se cree que ha venido aquí a dormir. Oye, ¿tienes algún plan?
LEANDRO.–Volver al andamio en cuanto pueda. Esto no es vida.
TOCHO.–Ni la otra. Lo mejor sería meternos a ministros o millonarios. ¿Tú crees que atacarán al amanecer, como los indios? ¡Bah!, pase lo que pase más se perdió en Cuba. No aguanto más.

(Tocho sube las escaleras, agarrándose la tripa que le aprieta, inquieta ante la situación peregrina que les espera.)

Los usaría para hacer globos para los nietos.

(Mira Leandro la imagen encogida de Tocho en lo alto la escalera.)

LEANDRO.–Sí, para hacer globos. Anda, vete a cagar.

(Y el Tocho se pierde en las alturas; mientras, Leandro enciende otro pitillo, el gato sigue dándole a la queja, el gobernador se da una vuelta más allá en su cama, suena a lo lejos una ambulancia cruzando la ciudad, tose la anciana en el piso de arriba, hablan de la quiniela del domingo los policías que vigilan la puerta, y empiezan a caer unas gotas de lluvia a lo tonto sobre el barrio que duerme.)

OSCURO

Cuadro IV

(Al día siguiente, por la mañana, Leandro habla por teléfono con su mano vendada. El Tocho a su lado y Ángeles detrás. La abuela en la camilla con las cartas. Es domingo y ha salido el sol, dentro de lo que cabe.)

LEANDRO.–... Sí, sí..., pues mire usted..., no, no. Estamos bien. Sí, están bien..., ¿quiere que se pongan...?, no, es que si salimos nos la cargamos..., ya pensaremos algo..., mientras haya vida..., no, no..., si se va la policía, salimos, pero nos llevamos a los rehenes por si acaso..., ¿cómo dice? Es que de la policía no me fío, mire usted..., sí, sí, pero usted no entiende de estas cosas. Mire, dígales que nos pongan un coche a la puerta y que se retiren, pero de verdad, sin trampas... Sí, espero.

(Tapa el auricular del teléfono y habla al Tocho ilusionado.)

Dice que va a hablar con el comisario y el capitán que manda la policía. Si nos ponen un taxi nos damos el piro.
TOCHO.–¿Adónde?
LEANDRO.–Nos perdemos por ahí. Ya veremos. El caso es escapar de aquí.
TOCHO.–Lo que tú digas, Leandro. Nos damos el piro a 140 por hora...
LEANDRO.–El cura quiere que nos entreguemos, claro. *(Ahora, de nuevo al teléfono.)* ¿Sí?, ¿diga?, sí, le oigo..., ¡pues de aquí no sale nadie...!, sí, le oigo, sí..., sí...

(Hace señas a Tocho de que le está metiendo un rollo.)

... no se preocupe, que a ellas no les va a pasar nada... ¿Qué? *(Tapa el auricular y habla a Tocho.)* Dice que si somos católicos. *(Al teléfono.)* ... Claro, sí señor, sí, no vamos a ser moros, católicos, sí, pero no..., ya sé que lo hace usted por nuestro bien. Nosotros también... *(A Tocho.)* Dice que no le ha dejado venir la policía por si le cogíamos también de rehén... *(Al teléfono.)* ... no, no soy de este barrio, no me conoce..., tampoco..., usted verá, déjelo..., no, no, no hay cambios. *(Al Tocho.)* Dice que se cambia él por los otros *(al teléfono)* ... gracias, pero no.

TOCHO.–Dile que si la cosa va mal nos diga unas misas, que ya se las pagaremos en el otro mundo.

LEANDRO.–Padre, si las cosas van mal..., nos dice unas misas..., ¿eh?, ¿que no es momento de bromas?, ¿qué quiere, que nos pongamos a llorar...? Mire usted, no estamos aquí por un capricho, ¿sabe...?, ¿qué...? *(A Tocho.)* ¡La madre que le...!, dice que podemos confesarnos por teléfono en caso de necesidad.

TOCHO.–Eso es que nos quieren dar el pasaporte. Pues yo me llevo a todo el que pille por delante.

LEANDRO.–Gracias, padre, pero no, hoy no tenemos ganas. Puede que otro día, a lo mejor..., no se preocupe, sí, lo apunto... «cuatro, siete, siete, sí, sí», ya está, de acuerdo, sí, adiós, adiós.

(Cuelga el teléfono y quedan un tanto decaídos. Ángeles los mira con cara de ida y la abuela disimula echando la suerte.)

Quieren asustarnos y que nos entreguemos, claro.

TOCHO.–¡Hombre, claro! No se van a liar a tiros; pueden dar a algún inocente, o al poli.

ABUELA.–Dios nos coja confesados.

TOCHO.–No sea agorera. Y si quería confesarse, ahí tenía al cura.

ABUELA.–Las cartas salen malas.

ÁNGELES.–¡Ay, abuela, no sea usted así, no asuste!

LEANDRO.–Más tarde o más temprano tendremos que salir.

TOCHO.–¿Por qué? Nos quedamos aquí para siempre y ya está. A mí me gusta estar aquí, ya ves.

ABUELA.—Tienes menos sesos que un mosquito.

TOCHO.—¿Usté qué haría, lista?

ABUELA.—Lo primero no venir a robar a pobres como nosotros. Puestos a robar, hay que saber robar, y a quién se roba.

TOCHO.—En los chalés de los ricos no hay quien entre, ¡qué se cree! Y si te acercas a un banco, peor; más policías que en la guerra.

ABUELA.—Y es más fácil robarle a un pobre que está indefenso. ¿Pero tú tienes conciencia?

TOCHO.—Olvídeme que no es mi santo.

ABUELA.—Las cartas salen malas, muy malas. ¡Si es que no puede ser!

LEANDRO.—No íbamos a ponernos a pedir, ¿no? Son cosas que pasan.

TOCHO.—No te rajes, Leandro, ¡joder, no te rajes!

ÁNGELES.—¿Voy poniendo la comida, abuela?

ABUELA.—Espera a ver estos qué dicen, si se quedan a comer o no.

TOCHO.—Venga, Leandro, no seas así. ¿Te acuerdas el día que nos llevamos el cochazo aquel y nos fuimos a Benidorm?, ¿qué?, ¿nos cogieron?, ¡nada! Como dos marqueses allí los dos, ¿o no? ¿Te acuerdas cómo nos metíamos en el mar entre los franchutes?, y casi ligamos y todo..., porque se te notaba la raya la camiseta, que si no... *(A Ángeles.)* Nos echan a todos del tajo, va este y dice: «¡Que nos mandan a divertirnos, Tocho!». Ligamos el primer cochazo que pillamos, lo que habíamos cobrado y hale, ¡carretera! Los dueños del mundo, ¡coño! Los dueños del mundo, los dos. O cuando limpiamos aquel escaparate por la noche...

LEANDRO.—Anda, cállate.

TOCHO.—¿Por qué? ¿Es que no es verdad?

LEANDRO.—A ver si te vas a poner a contar cosas encima del policía para que no las carguemos más.

ÁNGELES.—El policía no está.

TOCHO.—¿Cómo que no está? ¿Dónde se ha metido ese hijo puta?

ÁNGELES.—Salió antes al water.

(Desaparece Leandro escaleras arriba como un galgo y vuelve a los pocos segundos como un conejo, cabizbajo y con aire de haberle cantado el «gori gori» la ladina realidad.)

LEANDRO.–Se ha largado por el balcón. Le habrán puesto una lona o algo. Parecía tonto. Ya decía yo que estaban muy callados. ¡Maldita sea!

TOCHO.–La culpa la tengo yo, Leandro, que soy un gilipollas.

ABUELA.–¡Vaya dos!

TOCHO.–A usted quién le ha dado vela en este entierro, ¿eh?

(Se deja caer el Leandro desmadejado en los últimos escalones que crujen comprensivos. La evidencia se obceca sin escrúpulos. Es la hora de la verdad, como los toreros, y se escucha el silencio que precede al clarín de señales. La abuela le pone música y letra de «Los Campanilleros» al momento, para que esté más en su salsa.)

ABUELA.– «¡Ay!, en los puebloos,
en los pueblos de mi Andalucía
los campanilleros por la madrugá
me despiertan con sus campanillas
y con las guitarras me hacen llorar.
Yo empiezo a cantar
y al sentirme toos los pajarillos
cantan en las ramas y echan a volar.»

TOCHO.–¡Se quiere usté callar de una vez!

ABUELA.–Es que tié coña la cosa. A ver si no va a poder una cantar en su propia casa.

TOCHO.–¡Pues no!

ABUELA.–¡Pues sí! *(Canta.)*
«Toas las floorees,
toas las flores del campo andaluz
al rayar el día llenas de rocío.»

ÁNGELES.–Yo le vi que iba al servicio, pero yo no sabía...

ABUELA.–Tú no te metas en lo que no te importa.

(Y la abuela sigue dándole a las cartas y a los campanilleros por la madrugá, y entre ella y «La Niña de la Puebla» van poniendo el ambiente cuajaíto de amarguras, como en un cine de sesión continua.)

«Lloran penas que yo estoy pasando
desde el primer día que te conoció.
Porque en tu querer,
tengo puestos los cinco sentíos
y me vuelvo loca sin poderte ver.»

TOCHO.–¡Que se calle, leches!

ABUELA.–¡Que no me da la gana!

LEANDRO.–Déjala que cante si quiere. Atranca el balcón arriba,
anda. *(Sube el Tocho. Pausa larga. Se oye arriba los ruidos del
chico.)*

ABUELA.– «Pajarilloooos,
pajarillos questáis en el campo
gozando el amor y la libertá.»

ÁNGELES.–La abuela es la que mejor canta del barrio.

ABUELA.–Pues cómo cantarán las otras.
«Recordarle al hombre que quiero
que venga a mi reja por la madrugá.
Que mi corazooon...»

LEANDRO.–Hace calor aquí.

ÁNGELES.–Sí.

ABUELA.– «Se lo entrego al momento que llegue
cantando las penas que he pasao yo.»

LEANDRO.–Eso es de «La Niña la Puebla».

ABUELA.–Un cante, cante, y no la música de ahora que parece mata-
rratas. Los jóvenes de ahora no valéis para nada.

LEANDRO.–¿Es usted andaluza?

ABUELA.–Sí, andaluza de Segovia.

*(Baja el Tocho y empieza a moverse como un león enjaulado de acá
para allá, contrastando su actitud con la quietud de los otros tres.)*

ÁNGELES.–*(Por decir algo.)* Es de la Lastrilla mi abuela. Es un pueblo
de Segovia. *(Canturrea ahora a punto de llorar.)* «De Bernuí de Po-
rreros era la niña, y el galán que la ronda de la Lastrilla...» ¿Voy pe-
lando las patatas, abuela?

LEANDRO.–Haz la comida solo para vosotras dos. Nosotros hoy comemos fuera. Nos han invitado unos amigos..., en Carabanchel.

TOCHO.–¡No te rajes, joder, Leandro, no te rajes! ¿Quieres que salga y me líe a tiros con todos? ¡Ayer me decías que nos íbamos a comer el mundo, coño!

LEANDRO.–Ayer era ayer y hoy es hoy. Se acabó el juego, Tocho. Llevábamos malas cartas y hemos perdido.

ABUELA.–Tiene razón. No hagáis más disparates, que ya está bien por hoy.

TOCHO.–¡Sí, coño, sí! ¡Usted porque tiene un estanco! Gajes de viuda de guardia civil, ¿verdá?

ABUELA.–¡Millonaria soy! ¡Habráse visto el muerto de hambre este! A los nueve años estaba ya trabajando y no he parado hasta hoy. ¡Tengo un estanco, sí, qué pasa! A ver si encima...

TOCHO.–¡A ver si encima...!, ¿qué? ¡A ver, qué!

LEANDRO.–Vamos, déjala.

(Salta el Tocho enfrentándose con Leandro, dispuesto a todo.)

TOCHO.–¡Si me da la gana!, ¿no? ¡Ya está bien! ¡A ver por qué la tienes que dar la razón y meterte conmigo! ¡Que estás...! ¡Qué te pasa, a ver? ¿Qué te pasa a ti...?

LEANDRO.–Déjame. Yo no me meto contigo... Bueno, venga, vámonos...

TOCHO.–Vete tú si te da la gana. Yo no me voy.

LEANDRO.–Vamos, Tocho, no la líes más...

TOCHO.–¿Para eso hemos venido? ¿Para eso hemos venido, eh?

LEANDRO.–¿Pero qué quieres? ¿Que nos maten a los dos? ¿Que nos den un tiro, eso es lo que quieres?

TOCHO.–¡Sí! ¡¡¡Sí!!!

LEANDRO.–Te estás portando como un crío.

TOCHO.–Y tú como un... ¡Vete a la mierda!

ÁNGELES.–Por lo menos quedaros a comer.

ABUELA.–¡Que te calles tú! Ven aquí.

LEANDRO.–Venga, vamos.

(Se acerca a la puerta y grita hacia fuera.)

¡Eh, nos entregamos!

VOZ DE FUERA.—«¿Qué?»

LEANDRO.—Ahora están sordos. «¡Que nos entregamos!»

(Se oye cierto revuelo y consultas a la superioridad.)

MEGÁFONO.—«Muy bien, mejor para todos. Ahora haced lo que os digamos: lo primero, abrid despacio la puerta y echad fuera todas las armas que tengáis. ¿Entendido?»

LEANDRO.—De acuerdo. *(A Tocho.)* La pistola. ¡La pistola!

(Tocho se la tira al suelo y Leandro la recoge, abre y echa fuera las armas.)

MEGÁFONO.—«Muy bien. Ahora salid despacio, con las manos en alto, primero uno y luego, cuando digamos, el otro. Bien, arriba los brazos y no se os ocurra hacer ninguna tontería o tendríamos que disparar. ¿Está claro? Pues vamos. Fuera el primero.»

LEANDRO.—¡Sal, Tocho!, levanta las manos y quieto. ¡Hala, sal! No te preocupes, que no va a pasarnos nada...

TOCHO.—*(Yendo hacia la puerta.)* ¡Que te vayas a la mierda! *(Levanta los brazos y va a salir. Se vuelve y mira a Ángeles.)* Adiós, muñeca. Vengo a buscarte el domingo, ¿eh, tía? *(Ahora a la abuela.)* ¡El mal genio que tiene la...!

ABUELA.—Anda, calamidad.

(Desaparece por el hueco de la puerta. De pronto le vemos echar a correr y se oyen dos disparos.)

TOCHO.—*(Se oye su voz rota por las dos balas que lleva dentro.)* ¡Leandro... casi me escapo!, ¡por mi madre!, ¡casi me escapo... Leandro, cabrón!... (Se oyen ruidos confusos y, luego, se apaga la voz del chico dentro de una ambulancia. Luego se escucha una sirena que arranca hasta perderse a lo lejos.)*

MEGÁFONO.—«¡Venga, ya, tú, el otro, vamos fuera ya. Levanta bien los brazos, y no hagas ninguna tontería, como tu compañero, si intentas algo, peor para ti. Sal despacio... vamos, sal ya!»

(Echa Leandro una última mirada a las dos y sale. Se oyen coches y sirenas que arrancan. Luego, silencio, cuchicheos de gentes y, finalmente, poco a poco, se van restableciendo los ruidos de siempre. Las dos mujeres empiezan a moverse lentamente, un poco a lo tonto, de un lado para otro. Entra entonces el policía de antes, con la cabeza vendada. Lo mira todo un rato en silencio.)

ABUELA.—¿Qué? ¿Se le ha olvidado a usted algo?
POLICÍA.—No se haga la graciosa, no se haga la graciosa...
ABUELA.—Encima de que casi me quema el estanco.
POLICÍA.—Esto no va a quedar así.
ABUELA.—*(Muy seria, y con muy mala uva.)* No, eso se hincha.
POLICÍA.—¡Que no se haga la graciosa!

(Coge un paquete de tabaco de un estante, lo abre, saca un cigarrillo, lo enciende y tira el paquete al mostrador.)

ÁNGELES.—Son cien pesetas.
POLICÍA.—Cóbreselas al Gobierno.

(Recoge el maletín que había traído antes y que estaba sobre el mostrador.)

ABUELA.—Bueno, si hace usted el favor, que vamos a cerrar. Hoy es domingo y no se trabaja.
POLICÍA.—No me las llevo detenidas por un pelo. A las dos. Ya se las avisará para ir a declarar.
ABUELA.—Encantadas.
ÁNGELES.—Ya ha oído a la abuela. Vamos a cerrar.

(Va a salir el policía. Se vuelve antes de llegar a la puerta y vuelve a mirarlo todo.)

POLICÍA.–Ya me han oído. Ojo. Miren bien por dónde se andan.

(Se da la vuelta, haciendo un mutis triunfal, y vuelve a golpearse la cabeza, esta vez contra el canto de la puerta del estanco, que está borde, como sus dueñas.)

¡Ay! ¡Me cagüen hasta en la...!

(Sale.)

ABUELA.–Anda con Dios, hombre, anda con Dios. ¡Qué vida esta!, ¿verdad, hija?
ÁNGELES.–Sí, abuela. Qué vida esta... *(Pausa.)* ¡Qué vida esta!

(Y se ponen a recoger lentamente, aquí y allá, el picao y las pólizas de a cinco, que habían salido a ver el final. Suben los ruidos de la calle, que van y vienen a lo suyo, y se va haciendo una vez más el oscuro en la escena, y en el mundo, como si tal cosa.)

FIN